公派留学 飞跃手册

谭惠文　张玉荣⊙主编

四川大学出版社

U0668612

责任编辑:敬铃凌
责任校对:余 芳
封面设计:阿 林
责任印制:王 炜

图书在版编目(CIP)数据

公派留学飞跃手册 / 谭惠文，张玉荣主编. —成都：
四川大学出版社，2017.2
ISBN 978－7－5690－0376－5

Ⅰ.①公… Ⅱ.①谭… ②张… Ⅲ.①高等教育－留
学教育－世界－手册 Ⅳ.①G649.1-62

中国版本图书馆 CIP 数据核字（2017）第 035603 号

书 名	公派留学飞跃手册	
主 编	谭惠文 张玉荣	
出 版	四川大学出版社	
地 址	成都市一环路南一段 24 号 (610065)	
发 行	四川大学出版社	
书 号	ISBN 978－7－5690－0376－5	
印 刷	四川盛图彩色印刷有限公司	
成品尺寸	170 mm×240 mm	
印 张	14.75	
字 数	245 千字	
版 次	2018 年 1 月第 1 版	
印 次	2018 年 1 月第 1 次印刷	
定 价	56.00 元	

◆读者邮购本书,请与本社发行科联系。
电话:(028)85408408/(028)85401670/
(028)85408023 邮政编码:610065
◆本社图书如有印装质量问题,请
寄回出版社调换。
◆网址:http://www.scupress.net

四川大学华西临床医学院院长：李为民　教授

衷心祝愿每一位海外求学
的学子学业有成，不忘初心，以
国际视野为中国梦、健康梦、事
业梦砥砺前行！

李为民

30 Nov. 2017

Congratulations on developing This very important work. An international experience is the foundation of advancing all aspects of global medicine. It is a critical step in a physician's or surgeon's development. This test is a wonderful addition!

With best wishes

M.J. STRONG, MD
Dean, Schulich School of Medicine & Dentistry
Western University

本书由美国中华医学基金会（CMB）资助出版

鸣谢：国家留学基金管理委员会
四川大学国际合作和交流处
四川大学华西临床医学院研究生部

谨以此书献给那些勇于追寻内心梦想的青年学子

本书编委会

主　编：谭惠文　张玉荣

主　审：卢　聆　樊　玲

　　　　张春艳（四川大学国际合作和交流中心）

编委会成员（按拼音排序）：

　　　　陈　蓉　蔡雨龙　冯　曦　冯正勇　高婧婧

　　　　李明云　释小龙　谭惠文　文　雯　王志勇

　　　　王　艳　吴欣桐　夏　羽　袁霜凌　杨立霞

　　　　杨学刚　左六东　周　凡　张玉荣　邹　恋

　　　　赵　洪　张无忌　张　渝　张　钊

公派留学飞跃手册编委名单

姓名	文中网名	国内高校	申请学校	专业方向	公派类型
陈蓉	似水无痕	四川大学	宾夕法尼亚大学	高分子材料	联合培养博士
蔡雨龙	–	四川大学	日本东京大学	临床医学（外科学）	联合培养博士
冯正勇	ELE	电子科技大学	纽约州立大学水牛城分校	通信系统	联合培养博士
冯曦	曦	四川大学	英国帝国理工大学	临床医学（外科学）	联合培养博士
高婧婧	子寒	电子科技大学	宾夕法尼亚大学	信号与信息处理	联合培养博士
李明云	远远的云	四川大学	宾夕法尼亚大学	口腔基础医学	联合培养博士
释小龙	小龙	四川大学	华盛顿大学	临床医学（心脏内科）	联合培养博士
谭惠文	阿司匹林	四川大学	斯坦福大学	临床医学（内分泌代谢）	联合培养博士
文雯	WenEr	电子科技大学	加州大学圣塔巴巴拉分校	光学工程	联合培养博士
杨立霞	霞	四川大学	普渡大学	生态学	联合培养博士
杨学刚	陌生人	四川大学	美国斯克利普斯研究所	化学生物学	联合培养博士
袁霜凌	飞鸟与鱼	四川大学	华盛顿大学	人类学	联合培养博士
吴欣桐	–	四川大学	德国埃朗根-纽伦堡大学	临床医学（神经病学）	攻读博士
王志勇	拒绝融化的冰	四川大学	马里兰大学	生物医学	攻读博士
王艳	Lemonblue	四川大学	纽约州立大学石溪分校	高分子化学与物理	联合培养博士
夏羽	X-Rain	西南交通大学	纽约大学理工学院	计算机科学	联合培养博士

续表

姓名	文中网名	国内高校	申请学校	专业方向	公派类型
左六东	那小子真帅	电子科技大学	南伊利诺伊卡本代尔大学	计算机信息安全	攻读博士
张玉荣	Purdrea	四川大学	纽约大学理工学院	高分子化学与物理	联合培养博士
赵洪	魔域雪原	西南交通大学	密西根大学	信息安全	联合培养博士
张渝	–	四川大学	麻省大学医学院	临床医学（肿瘤学）	联合培养博士
周凡	–	四川大学	斯坦福大学	临床医学（妇产科学）	联合培养博士
邹恋	Julia	四川大学	宾夕法尼亚大学	临床医学（妇产科学）	联合培养博士
张钊	昭钊暮暮	西南交通大学	路易斯安那州立大学	物流	联合培养博士
张无忌	我心无羁	电子科技大学	肯塔基大学	国际贸易学	攻读博士

序 言

惠文博士日前送来他和张玉荣博士主编的《公派留学飞跃手册》文稿，让我写几句话。这本手册的内容和支持单位引起了我的极大兴趣。在过去十几年的时间里，我曾参与过国家留学基金管理委员会的国家高水平公派留学项目在学校的组织和宣讲工作，也在多年的派出留学生和出访青年教师的行前动员会和回国总结会上与充满激情的青年学子进行过多次交流。我也多年参与了美国中华医学基金会（CMB）有关项目的论证、结题、总结活动，其中也包括送青年学者去海外学习、深造。赴海外学习的准备工作充分和到位将在很大程度上使得出访和学习能更好达到所预期的目的。

《公派留学飞跃手册》的编写形式非常独特，都是青年学子们在准备和办理公派留学过程中的个体的切身体会，很具有参考价值和指导意义。同时，读起来有一种亲近感，好像是朋友中分享各自在留学准备工作中的甜酸苦辣。翻阅的过程中，回想起自己20世纪80年代初作为国家公派去加拿大做政府交换留学生和90年代初作为自费留学生出国学习的经历。当时，没有《公派留学飞跃手册》这样的经验分享读本，从最初办理手续到最终落地一个完全陌生的学校所在地，整个过程都一头雾水，需要好几个月才能基本适应过来。当时没有互联网，没有电子邮件，所有的信息都仅仅来自一些文字资料。同自己选择的学校和导师沟通完全靠航空邮件，往返一次书信交流和邮递材料需要一个半月左右的时间，常常是等有的人收到邮件，已经误了材料递交和补充的时限。那时，所有的文字材料通常是手写或打字机处理，根本不敢奢望有这样的经验分享和指导。

现在出国留学不仅渠道多了，奖学金多了，信息量大了，联系和获取资料也非常便捷，同申报的学校和导师联系起来十分方便，一天内可以数次电子邮件往返，必要时还可以通过网络直接面谈或面试。尽管如此，如果没有好的指导，申报奖学金、联系学校和导师、递送材料和办理签证及出国手续等还是一个十分繁杂、让人头痛的过程。《公派留学飞跃手册》的编写，特别是那些参与分享自

己在申请国家公派留学，完成申报手续，联系国外院校和导师，办理签证和行前准备等方面的心得的蓉城五所高校的青年学子们为有志追寻自己梦想的学弟学妹们提供了非常有益的帮助和指导。

　　《公派留学飞跃手册》不仅是一本国家公派留学的手册，也是一本学习提高自己处理问题、增进与人沟通交流能力、了解不同文化的读本。参与分享个人心得和经验的青年学子们以不同方式从不同角度讲述了自己的体会，风趣、幽默而又实在。我很喜欢手册的这种风格。

　　谨以此为序。

石　坚

川大花园

2017年12月

前　言

　　在美国留学期间我曾经想过写一本关于公派留学的手册，但《北大飞跃手册》及《上海交大留学手册》珠玉在前，让我们这批理工科的学生未敢轻易落笔。成都地处西南一隅，出国热潮虽然赶不上京沪繁华都市，但相信很多学子都有出去看看外面的世界的梦想。回顾曾经申请公派的种种经历，感悟颇多，为了给自己一年的留学申请留下纪念，也为了给后面西南高校想要申请公派的兄弟姐妹们一点经验参考，我们最后决定正式出版这本飞跃手册。手册的作者来自四川大学、电子科大、西南交通大学、西南财经大学等成都高校，其中绝大部分提供申请经验和签证经历文稿的作者都是理工科或医科出身，平日里或忙于临床工作，或忙于科研或实验，或擅长写程序，但写这么一本公派手册还是第一次，所以文笔有限，难免有不足之处，恳请读者朋友多多包涵。谭兄在川大任教，一直在积极参与公派出国的宣传，这几年也在不断更新手册内容，继续收录新一批学生的经验分享及更新国家的公派政策，使本手册不落伍。

　　虽然本书对公派申请过程的介绍，以蓉城几所高校的学子申请经验为参考，但大部分内容对于不同学校的申请者仍然适用（除了个人签证经验方面或许更适用），读者可在阅读时参考自己学校的实际情况酌情处理。本书的一大特色是集结了成都高校许多同学的个人申请经历，里面的经验和教训或许可以让后面的同学少走一些弯路。每个人的情况不一样，如果大家可以通过本书找到一条适合自己的途径，那么我们写作本书的初衷也就达到了。

　　本书有两大特色：

　　1. 本书是第一本介绍公派留学的手册。国家每年公派大量的学生出国学习先进经验与技术，这为大家顺利出国深造提供了一个不错的平台，但很多学生苦于没有专门的指导书，不知道该如何申请。国家公派开展至今已近十年，但迄今还没有一本专门针对国家公派奖学金申请的实战手册。前几届公派留学的前辈，也包括我们，都是在网上寻找相类似的出国手册，或者在网上找一些

i

零散的个人经验分享来参考。目前比较有影响的手册是北大和上海交大的两本，但它们主要是针对个人申请出国攻读博士或者硕士的，一般为对方学校提供奖学金或者自费，没有专门针对在读研究生及本科申请国家公派奖学金的详细说明。所以我们深感编写这本书的意义，特别倡议成都五所高校的公派学生一同完成本书，也算是为国家公派这个项目得到更好的展开尽上我们的绵薄之力。

2. 本书包含诸多西南五校学子的个人申请经验和签证经验。大量翔实的签证经验及大家所关心的签证需要的时间我们都一一呈现出来，这是其他留学手册里面没有的内容，其目的主要是方便大家用前人的实践经验去印证本书前面部分的理论，方便后来者灵活应用前人经验，找出更适合自己的出国之路。编写期间我们倡议"成都公派群"的群友们记录和分享个人的申请经验，为以后的师弟师妹们在申请公派方面提供参考和借鉴。在此特别感谢所有的作者，没有你们分享的个人经验也就没有我们这本手册的面世。

本书分为四个部分：

第一章简单介绍国家公派的相关基础知识及规定。我们把国家留学基金管理委员会网站上的一些有代表性的答疑也转载到本书，以期能解答大家对一些疑问。

第二章主要介绍申请的相关步骤和个人申请经验。介绍的申请步骤大家可以参考，并不是一定要完全照搬，大家可以按照自己的实际情况，酌情省略有的步骤。而个人申请经验为大家提供了实战的指导，希望对想要申请公派留学的学弟学妹们有所帮助。该章节我们并没有花大篇幅介绍申请公派读博的相关情况，主要是因为申请公派读博的程序跟自费申请读博程序是一样的，大家只要拿到对方学校的录取通知书就可以了。能免学费的话国家一般都会直接支持。如果确实不行，可以向国家申请学费和生活费资助。

第三章主要介绍签证的基础知识和需要准备的材料，还加上了大量的个人申请经验。我们也附上了大家所关心的签证被审查时间，若部分申请者因自己的专业被行政审查，可资参考。

　　第四章简要介绍本书作者出国前的准备以及一些注意事项，若读者想要更多资讯，可以网上查阅相关资料。

　　由于参与此次编写的全部是参加2010年—2016年国家建设高水平大学公派研究生项目或者国家公派专项研究生奖学金项目的学生，不涉及其他国家公派项目，所以本书的公派经验主要适用于国家建设高水平大学公派研究生项目和国家公派专项研究生奖学金项目。但为了让大家对国家公派留学基金有个大概的了解，我们专门在国家留学基金管理委员会（China Scholarship Council，CSC）网站上找了其他项目的一些介绍。不知道自己该申请哪个项目的同学，也可以通过本手册大致查看和了解。如果想对项目有更清楚的认识，不妨查询国家留学生基金管理委员会和其他相关网站。由于本手册是大家在出国前及在国外做访学和做课题的间隙利用休息时间写成的，时间仓促，如资讯有不完善之处还恳请读者批评指正。

张玉荣

于龙蟠河畔

2018年1月

为什么要写这本书？

In a global economy where the most valuable skill you can sell is your knowledge, a good education is no longer just a pathway to opportunity—it is a prerequisite.

—Barack Obama

"良好的教育不再仅仅是机会之门，而是必由之路"，奥巴马这句话是对莘莘学子的忠告和勉励。出国留学，负笈海外，不仅是为了知识的增长、能力的提升、视野的开拓与阅历的丰富，最重要的是为了生命的全新体验。

为什么出国留学？在思考这个问题的过程中难免有人彷徨、困惑、烦恼，这都是我们面对未知未来的正常反应。在回答"应不应该出去"这个问题之前，我们先要扪心自问：我的人生目标是什么？我究竟想要怎样的人生和生活？我们要重视自己内心的声音，有必要再三思考出国留学的利弊，做好适合自己情况的发展规划。出国留学申请是复杂而又耗费精力的过程，我们该如何做好留学申请规划，实现海外学习的梦想呢？教育部留学基金管理委员会（CSC）资助的公派出国留学逐步走上了制度化和规范化的轨道，形成了多模式、多渠道、多层次的出国留学选派工作新格局。很多高校申请者由于不了解公派留学申请，在申请之初会花费很多时间查阅资讯，难免走弯路甚至错失良机。

本书是在整合国家留学基金管理委员会发布的权威信息的基础上，总结本书编委成员的实际申请经验，详细介绍公派出国留学申请的步骤和过程，对于申请过程和签证、出行等细节均有翔实而生动的描述，有助于后来申请者更清晰地定位自己、做好留学申请，为有志于在研究生阶段攻读海外博士、申请公派联合培养博士或最新国家公派硕士研究生项目的同学提供参考。本书荟萃留学申请和签证经验，具有实战性、参考性和可读性，相信能帮助到更多的有志于申请公派海外留学的高校学子，尤其是在成都领事馆签证的西南地区的学子。"天高任鸟飞，海阔凭鱼跃"，愿更多的青年才俊和学弟学妹能成功申请国家留学基金资助公派留学，实现自己的人生梦想。

谭惠文

2017年于华西坝

C目录
ontents

1 公派留学相关基础知识

2 申请国外高校

3 签证部分

4 行前准备

1

公派留学相关基础知识

1.1 国家留学基金资助出国留学项目一览表

国家公派主要分为五大留学项目，主要是为了学习西方发达国家的先进经验与技术，提高国家科技竞争力，实现科技兴国，为创建创新型国家而努力。那些不知道自己能不能申请国家公派、该申请哪个项目的同学，可以先简单了解一下本小节的内容，然后再有针对性地选定目标进行申请。本手册均以国家留学基金管理委员会（China Scholarship Council，CSC）资讯为参照，具体要求和内容请以官方网站（www.csc.edu.cn）发布的最新信息为准。

1.1.1 国家公派高级研究学者项目

留学期限较短，一般为3～6个月，选派规模为约200人/年，申请人应为高等学校、企业事业单位、行政机关、科研机构的正式工作人员。

1.1.2 国家公派访问学者（含博士后研究）项目

留学期限也较短，一般为3～12个月，申请人应为高等学校、企业事业单位、行政机关、科研机构的正式工作人员和在校学生。

1.1.3 国家公派研究生项目

由教育部和财政部于2006年设立，由国家留学基金管理委员会具体负责实施和管理，旨在贯彻人才强国战略，推进高水平大学建设。适用于"985工程"、"211工程"及其他高等院校申请公派研究生类别的人员。

·2007年—2011年　第一个五年计划

　　每年从49所签约大学中选派5000学生出国攻读博士学位或联合培养博士，其中出国攻博和联合培养博士研究生各2500人。选拔一流的学生、一流的大学或学科，师从一流的导师。

·2012年—2016年　第二个五年计划

　　每年选派6000名研究生出国，公派硕士研究生项目300人，出国攻博无名额限制。

　　出国攻博——面向全国公开选拔（含自费在外的人员）。

　　联合培养——面向"985工程""211工程"高校，国家留学基金管理委员会与学校约定培养名额。

　　2017年项目选派计划为9500人，其中攻读博士学位研究生3000人，联合培养博士研究生6500人。2018年计划同2017年，选派9500人出国留学，其中攻读博士学位研究生3000人，联合培养博士研究生6500人。攻读博士学位研究生的留学期限一般为36～48个月，具体以拟留学院校或单位学制为准，资助期限原则上不超过48个月。联合培养博士研究生的留学期限、资助期限为6～24个月。

1.1.4 其他公派出国留学项目

　　其他公派出国留学项目主要包括以下七大项目：青年骨干教师出国研修项目，地方合作项目，西部地区人才培养特别项目，中学英语教师研修项目（西部项目），高等教育行政管理人员研修项目（西部项目），比利时Group T鲁汶工学院"宏志奖学金"本科生项目，中加学者交流项目。

1.1.5 与有关国家互换奖学金项目

　　与有关国家互换奖学金项目主要包括与西南北欧国家互换奖学金项目、与东欧独联体国家互换奖学金项目，以及与亚非国家互换奖学金项目。

1.2　国家选派学科和专业领域[1]

为了满足国家发展的需要，重点选派专业领域主要为《国家中长期人才发展规划纲要（2010—2020年）》确定的经济和社会发展重点领域，《国家中长期科学和技术发展规划纲要（2006—2020年）》确定的重点领域、重大专项、前沿技术、基础研究，人文与社会科学领域，以及其他国家战略和重要行业发展急需领域。选派领域包括能源、资源、环境、农业、制造、信息等关键领域及生命、空间、海洋、纳米、新材料等战略领域和人文及应用社会科学，具体如下：

1.2.1　重点领域

（1）能源。

（2）水和矿产资源。

（3）环境。

（4）农业。

（5）制造业。

（6）交通运输业。

（7）信息产业及现代服务业。

（8）人口与健康。

（9）城镇化与城市发展。

（10）公共安全。

（11）国防。

1.2.2　重大专项

（1）核心电子器件、高端通用芯片及基础软件。

（2）极大规模集成电路制造技术及成套工艺。

（3）新一代宽带无线移动通信。

1　本节资料引自国家留学基金管理委员会网站。

（4）高档数控机床与基础制造技术。

（5）大型油气田及煤层气开发。

（6）大型先进压水堆及高温气冷堆核电站。

（7）水体污染控制与治理。

（8）转基因生物新品种培育。

（9）重大新药创制。

（10）艾滋病和病毒性肝炎等重大传染病防治。

（11）大型飞机。

（12）高分辨率对地观测系统。

（13）载人航天与探月工程。

1.2.3 前沿技术

（1）生物技术。

（2）信息技术。

（3）新材料技术。

（4）先进制造技术。

（5）先进能源技术。

（6）海洋技术。

（7）激光技术。

（8）空天技术。

1.2.4 基础研究

（1）人类健康与疾病的生物学基础。

（2）农业生物遗传改良和农业可持续发展中的科学问题。

（3）人类活动对地球系统的影响机制。

（4）全球变化与区域响应。

（5）复杂系统、灾变形成及其预测控制。

（6）能源可持续发展中的关键科学问题。

（7）材料设计与制备的新原理与新方法。

（8）极端环境条件下制造的科学基础。

（9）航空航天重大力学问题。

（10）支撑信息技术发展的科学基础。

1.2.5 人文与社会科学领域

1.3 国家公派研究生项目的英文说明

下面附上国家公派研究生项目的英文说明，方便大家在跟国外导师联系的时候可以较好地介绍国家公派的项目。如果能在申请国外高校时向导师或国际学生办公室说明清楚奖学金来源和国家公派项目的情况，会帮助大家更顺利地通过申请。

最新资讯以国家留学基金管理委员会官方网站为准，本节内容仅供参考。

China Scholarship Council Program

1. Brief Introduction

Established in 2007 by China Scholarship Council (CSC), a non-profit institution entrusted by the Chinese Government to manage the State Scholarship Fund, the Postgraduate Scholarship Program aims to improve the training of creative and distinguished postgraduates and enhance the development of China's higher education. Over five years, CSC will sponsor each year up to six thousand talented Chinese students for overseas study, pursuing doctoral degrees or conducting academic cooperation under joint-training programs at world-class universities.

2. Scholarship Benefits

(1) A living stipend as prescribed by Chinese government.

(2) Health insurance.

(3) A round-way international airfare at the beginning and end of the program.

3. Scholarship Program

3.1 Doctoral Degree Program

Undergraduates and master's students who wish to pursue doctoral degrees at overseas universities may apply for 36-48 months scholarships from the CSC. The length of scholarship can also be determined according to the requirements of doctoral studies at foreign universities.

Application materials include formal admission to a PhD program at a foreign university, together with a statement of tuition fee waiver or another scholarship granted by the foreign university that covers the tuition fee.

Awardees should declare the support of CSC in their dissertations. They are expected to return to China after finishing their doctoral degree programs, with the exception of conducting post-doctoral research for no more than two years.

3.2 Joint-Training Program

Postgraduates currently registered at a doctoral program can apply for 6-24 months overseas joint-training programs under CSC scholarship. The joint-training program is organized under the cooperation of doctoral supervisors at home university and the host university abroad.

Application materials include a formal invitation letter from the host supervisor, a jointly designed research plan approved by both supervisors, and an introduction of the host supervisor. The invitation letter must be a formal letter printed on university letterhead addressed to the applicant and signed by the host supervisor. The content should include the following: personal information of the student being invited, period of invitation, major research field and plan, statement of tuition fee waiver, and an evaluation of the English language level of the applicant by the host supervisor. If any tuition fee or registration fee is involved or might occur during the joint training that cannot be waived, a list of these fees attached with the application will be appreciated.

Supervisors at home and abroad have to work together to design a research plan for the applicants. A Chinese-English research plan with no less than 1,000 words on each version and signed by both supervisors is required for application. In order to get a better knowledge of supervisors at foreign universities, an introduction of the host supervisor with his/her personal information and academic achievements during the last five years should be included in the application.

For more details: http://en.csc.edu.cn/Default.aspx

China Scholarship Council launched a scholarship program in 2007 to financially sponsor Chinese students to study abroad. This program, which has been committed to last the next five years, will support 6,000 students annually. With this scholarship, student can either pursue his/her PhD degree from a foreign university for 36-48 months or perform a research plan under the guidance of a foreign supervisor for 6-24 months.

For students who are registered first-year, second-year and third-year PhD students in Chinese (home) universities, the home and foreign supervisors work together to make research plan for each student. After their international study, the students are required to return to their home universities to complete their PhD degrees. This is the so-called "co-supervised model" for PhD candidates.

Under this program, students are entitled to receive financial support to cover their living expense and international travel expense. For more detailed information on this scholarship program, please refer to www.csc.edu.cn.

1.4 2017年国家留学基金资助出国留学人员选派简章

国家留学基金管理委员会每年12月发布最新简章，为次年2～3月申报提供指导。下面附上《2017年国家留学基金资助出国留学人员选派简章》原文以供参考。

2018年国家留学基金资助出国留学人员选派简章

第一章 选派计划和主要项目

第一条 2018年计划选派各类国家公派留学人员32300名。

第二条 选派类别及留学期限

1. 高级研究学者：3～6个月。

2. 访问学者：3～12个月。

3. 博士后：6～24个月。

4. 赴国外攻读博士学位研究生：一般为36～48个月，具体以留学目的国及院校学制或外方出具的录取通知书或邀请信为准。

5. 联合培养博士生（在国内攻读博士学位期间赴国外从事研究）：6～24个月。

6. 赴国外攻读硕士学位研究生：一般为12～24个月，具体以留学目的国及院校学制或外方出具的录取通知书或邀请信为准。

7. 联合培养硕士生（在国内攻读硕士学位期间赴国外学习）：3～12个月。

8. 赴国外攻读学士学位本科生：一般为36～60个月，具体以相关项目规定为准。

9. 本科插班生（在国内攻读学士学位期间赴国外学习、毕业设计或实习等）：3～12个月。

第三条 主要项目

1. 国家公派高级研究学者、访问学者、博士后项目计划选派3500人。选派类别包括高级研究学者、访问学者和博士后。

2. 国家建设高水平大学公派研究生项目计划选派9500人，选派类别包括赴国外攻读博士学位研究生和联合培养博士生；博士生导师短期出国交流项目计划选派500人，选派类别为高级研究学者。

3. 国家公派硕士研究生项目计划选派800人，选派类别包括赴国外攻读硕士学位研究生和联合培养硕士生。

4. 优秀本科生国际交流项目计划选派4500人，选派类别为本科插班生。

5. 高校合作项目（青年骨干教师出国研修项目）计划选派3200人，选派类别包括访问学者和博士后。

6. 地方和行业部门合作项目计划选派3600人，其中西部地区人才培养特别项目及地方合作项目3100人，选派类别包括高级研究学者、访问学者和博士后；与行业部门合作项目500人。

7. 国际区域问题研究及外语高层次人才培养项目和政府互换奖学金项目计划选派2300人，选派类别包括访问学者、博士后、赴国外攻读博士学位研究生、联合培养博士生、赴国外攻读硕士学位研究生、联合培养硕士生、赴国外攻读学士学位本科生和本科插班生。

8. 艺术类人才特别培养项目计划选派300人，选派类别包括访问学者、博士后、赴国外攻读博士学位研究生、联合培养博士生、赴国外攻读硕士学位研究生、联合培养硕士生和本科插班生。

9. 国外合作项目计划选派4100人。国外合作项目是指与外方机构签署协议并由中外双方联合评审、联合资助的项目，如国际组织实习项目、中美富布莱特项目、中英联合研究创新基金博士生交流项目、中法蔡元培交流合作项目、中德合作科研项目、与瑞典皇家理工学院合作奖学金等。

第二章 优先资助学科、专业领域

第四条 优先资助学科、专业领域主要为《国家中长期人才发展规划纲要（2010~2020年）》确定的经济和社会发展重点领域，《国家中长期科学和技术发展规划纲要（2006~2020年）》确定的重点领域、重大专项、前沿技术、基础研究，人文与社会科学领域，以及其他国家战略和重要行业发展急需领域。

第三章 资助内容

第五条 资助内容一般为一次往返国际旅费和资助期限内的奖学金（包括伙食费、住宿费、注册费、交通费、电话费、书籍资料费、医疗保险费、交际费、一次性安置费、签证延长费、零用费和学术活动补助费等）。对部分人员可提供学费资助。具体资助方式、资助标准等以录取文件为准。

第四章 申请条件

第六条 申请人基本条件

1. 热爱社会主义祖国，具有良好的思想品德和政治素质，无违法违纪记录。

2. 具有良好专业基础和发展潜力，在工作、学习中表现突出，具有学成回国为祖国建设服务的事业心和责任感。

3. 具有中华人民共和国国籍，不具有国外永久居留权。申请时应为高等学校、企事业单位、行政机关、科研机构的正式工作人员或在校学生，年龄满18周岁。

4. 身体健康，心理健康。

5. 符合国家留学基金资助出国留学外语条件及留学国家、留学单位的语言要求。

6. 符合申请项目的其他具体要求。

第七条 暂不受理以下人员的申请

1. 已获得国外全额奖学金资助。

2. 已获得国家公派留学资格且在有效期内。

3. 已申报国家公派出国留学项目尚未公布录取结果。

4. 曾获得国家公派留学资格，未经国家留学基金委批准擅自放弃且时间在5年以内，或经国家留学基金委批准放弃且时间在2年以内。

5. 曾享受国家留学基金资助出国留学、回国后服务尚不满五年。项目有特殊规定的，按相关规定执行。

第五章　选拔办法

第八条　遵循"公开、公平、公正"的原则，采取"个人申请，单位推荐，专家评审，择优录取"的方式进行选拔。

第九条　符合申请条件者，按规定程序和办法申请。国家留学基金管理委员会根据相关项目要求，组织专家评审，确定录取结果。申请人可登录国家公派留学管理信息平台（http://apply.csc.edu.cn）查询录取结果。录取通知发至申请人所在单位。

第十条　主要项目申请、录取时间

1. 国家公派高级研究学者、访问学者、博士后项目：1月5日~15日申请，3月下旬公布录取结果。

2. 国家建设高水平大学公派研究生项目：3月20日~4月5日申请，5月公布录取结果（部分中外合作协议/项目需与外方合作院校/机构确认录取结果，公布时间略晚）。

3. 国家公派硕士研究生项目：3月20日~4月5日申请，5月公布录取结果。

4. 优秀本科生国际交流项目：项目申请时间：2017年11月25日~12月8日；人选申报时间：第一批2018年4月21日~5月5日申请，5月公布录取结果；第二批2018年9月20日~30日申请，10月公布录取结果。

5. 青年骨干教师出国研修项目：第一批4月1日~15日申请，5月公布录取结果；第二批9月10日~20日申请，10月公布录取结果。

6. 地方和行业部门合作项目：

①西部地区人才培养特别项目及地方合作项目：4月1日~15日申请，7月公布录取结果。其中，国家留学基金委统一安排成班派出项目1月5日~15日申请，4月公布录取结果。

②与行业部门合作项目按照相应项目规定施行。

7. 国际区域问题研究及外语高层次人才培养项目：3月20日~30日申请，5月公布录取结果。

政府互换奖学金根据相应规定施行。

8. 艺术类人才培养特别项目：3月20日~4月5日申请，5月公布录取结果。

9. 国外合作项目根据相应项目规定施行。

第六章　派出与管理

第十一条　被录取人员须在留学资格有效期内派出。凡未按期派出者，留学资格自动取消。

第十二条　对留学人员实行"签约派出，违约赔偿"的管理办法。派出前，留学人员须持《资助出国留学协议书》赴公证机构办理签约公证手续，在派出前将公证后的协议书邮寄或面交至国家留学基金委，办理护照、签证、《国际旅行健康证书》，通过教育部留学服务中心、教育部出国人员上海集训部、广州留学人员服务中心办理预订机票、《国家公派留学人员报到证明》、预领奖学金手续（具体请查阅《出国留学人员须知》）。

第十三条　留学人员自抵达留学所在国后10日内凭《国家留学基金资助出国留学资格证书》《国家公派留学人员报到证明》原件向中国驻留学所在国使（领）馆办理报到手续，具体按照驻留学所在国使（领）馆要求办理。

第十四条　留学人员在国外留学期间，应遵守所在国法律法规、国家留学基金资助出国留学人员的有关规定及《资助出国留学协议书》的有关约定，自觉接受国内推选单位和驻外使（领）馆的指导和管理，定期向推选单位和驻外使（领）馆提交研修报告。

第十五条　留学人员学成后应按期回国履行回国服务义务，回国之日起3个月内须在国家公派留学管理信息平台登记回国信息。本科插班生无须履行回国服务义务。

第十六条　留学人员与获得资助有关的论文、研究项目或科研成果在成文、发表、公开时，应注明"本研究/成果/论文得到中国国家留学基金资助"。

1.5 2018年国家公派研究生项目应提交的申请材料及说明

2018年国家建设高水平大学公派研究生项目应提交的申请材料及说明
（国内申请人用）

一、应提交申请材料

1. 《国家留学基金管理委员会出国留学申请表》（研究生类）
2. 《单位推荐意见表》
3. 校内专家评审意见表（联合培养博士研究生申请人需提交）
4. 国内导师推荐信（联合培养博士研究生申请人需提交）
5. 邀请信/入学通知书复印件
6. 收取学费明细表（攻读博士学位申请学费资助人员需提交）
7. 学习计划（外文）
8. 国外导师简历
9. 成绩单复印件（自本科阶段起）
10. 两封专家推荐信（攻读博士学位申请学费资助人员需提交）
11. 外语水平证明复印件
12. 有效身份证复印件
13. 最高学历/学位证书复印件

请按以上顺序准备一份纸质申请材料，并按国家公派留学管理信息平台上的说明将相关材料扫描并上传至信息平台（《单位推荐意见表》无须扫描上传，《校内专家评审意见表》和《国内导师推荐信》由受理单位统一上传）。如提供的材料中有英语以外语种书写的，需另提供中文翻译件。申请材料一律使用A4复印纸打印或复印，请在申请表第一页粘贴申请人近期彩色照片（一寸免冠、光纸正面）。申请人需向受理单位提交一套书面申请材料留存（留存期限为3年），受理单位无需向国家留学基金委提交纸质材料。如申请的国家留学基金委与国外高校/机构合作渠道对申请材料有特殊要求，则根据具体合作渠道规定执行。

申请人应对所提交的申请材料的真实性负责。凡是提供虚假材料

的申请，一经查实，材料审核不予通过；已被录取的，取消留学资格。

申请人未按要求上传材料或上传材料模糊不清、无法识别的，视为无效申请，材料审核不予通过。

二、申请材料说明

1. 《国家留学基金管理委员会出国留学申请表》（研究生类）

申请人需先登录网上报名系统，并按要求如实填写网上申请表；在填写完申请表并确认无误后，可按系统提示完成网上提交并打印。申请表中的有关栏目应视实际情况和项目要求进行填写，如无相关情况可不填（如工作经历）。申请人提交的书面申请表应与网上报名信息内容一致。申请人提交申请表后，在受理机构接收前可以提回修改，受理机构接收后不能提回申请表。如确实需在受理机构接收后修正内容，需联系受理机构退回，并在项目开通期内再次提交申请表。因此，申请表填写完成后，请务必仔细核对无误后方可提交。申请人需在申请材料"申请人保证"栏中签名。

2. 《单位推荐意见表》

单位推荐意见表在申请人打印申请表时由网上报名系统自动生成（申请人在网上报名阶段此表不在报名系统中显示）。推荐意见应由申请人所在部门（院、系、所等）针对每位申请人填写。上级批准意见由所在单位负责选拔工作的主管部门在认真核对申请人所填信息后填写，应加盖推荐单位公章。

凡来自有关高校（同去年）的申请人，其《单位推荐意见表》的电子信息由各校国家留学基金申请受理工作主管部门负责输入网上报名系统；来自其他单位的申请人，其《单位推荐意见表》的电子信息由国家留学基金申请受理机构负责输入网上报名系统。

单位推荐意见为"不属实""不推荐"的，材料审核不予通过。

3. 校内专家评审意见表（联合培养博士研究生申请人需提交）

联合培养博士研究生申请人的国内学校，应组织专家对申请人的资格、综合素质、发展潜力、出国留学必要性、学习计划可行性及身心健康情况等方面进行评审、考察，并填写校内专家评审意见表（国家留学基金委将提供参考样表）。校内专家评审意见表由受理单位按要求扫描上传至信息平台。

4. 国内导师推荐信（联合培养博士研究生申请人需提交）

联合培养博士研究生国内导师应提交推荐信，主要内容包括：对申请人推荐意见；重点对申请人出国学习目标要求、国内导师或申请人与国外导师的合作情况及对国外院校、导师的评价等。国内导师意见由受理单位按要求扫描上传至信息平台。

5. 外方院校（单位）出具的正式入学通知复印件或国外导师出具的正式邀请信复印件

（1）申请人应提交外方院校（单位）出具的正式入学通知复印件或国外导师出具的正式邀请信复印件。正式入学通知或正式邀请信应使用拟留学院校（单位）专用信纸（文头纸）打印，入学通知由外方院校（单位）主管部门负责人、邀请信由国外导师签字。

攻读博士学位研究生申请人，如因拟留学院校（单位）行政审批手续规定限制，在申请截止时间前无法出具正式入学通知，则须出具使用拟留学院校（单位）专用信纸打印并由对方主管部门负责人/导师签字的明确意向入学通知。

（2）攻读博士学位研究生申请人提交的入学通知，应为无条件入学通知（unconditional offer），但以下条件除外：

a. 入学通知在申请人取得国家留学基金资助后方可生效；

b. 入学通知在申请人提供本科毕业/硕士毕业证书后方可生效；

c. 入学通知明确申请人在拟留学院校/单位须完成硕士课程后可继续攻读博士学位（申请硕博连读人员）。

（3）入学通知/邀请信中应包含以下内容：

a. 申请人基本信息：申请人姓名、出生日期、国内院校等；

b. 留学身份：攻读博士学位研究生或联合培养博士研究生；

c. 留学时间：应明确留学期限及起止年月（入学时间应不早于2018年6月1日，且不晚于2019年3月31日）；

d. 国外指导教师信息；

e. 留学专业或受邀人拟在国外从事主要学习/研究工作；

f. 免学费或获得学费资助等相关费用信息（申请联合培养博士

研究生和申请学费资助人员无须包含此项）；

　　g. 外方负责人签字与联系方式。

　　（4）如入学通知/邀请信为英语以外语种书写，需另提供中文翻译件。翻译件应由国内推选单位加盖审核部门公章。

　　（5）如申请的国家留学基金委与国外高校/机构合作奖学金对邀请信/入学通知有特殊要求，则根据具体合作奖学金规定执行。

　　6. 收取学费明细表等有关学习费用证明复印件（申请攻读博士学位的学费资助人员需提交）

　　申请学费资助人员如在提交的入学通知/邀请信中未注明留学所需费用相关信息，则须另行提交收取学费明细表复印件或有关学习费用明细表复印件。

　　7. 学习计划（外文）

　　联合培养博士研究生申请时应提交外文联合培养计划（1000字以上），并由中外双方导师签字。联合培养计划如为英语以外语种书写，需另提供经国内推选单位审核的中文翻译件（需加盖审核部门公章）。

　　攻读博士学位研究生申请时应提交外文学习计划（1000字以上），并由外方导师签字。如申请人拟在国外进行硕博连读，暂时无法确定导师，则只需国内推选单位审核并签字。学习计划如为英语以外语种书写，需另行提供经国内推选单位审核的中文翻译件（需加盖审核部门公章）。

　　8. 国外导师简历

　　主要包括国外导师的教育、学术背景；目前从事科研项目及近五年内科研、论文发表情况；在国外著名学术机构任职情况等，原则上不超过一页。国外导师简历需由其本人提供并签字，特殊原因外方导师不能签字，可由国内导师或相关专家审核签字。硕博连读生如尚未确定国外导师，可暂不提供，但需在《申请表》"国外导师"栏中加以说明。如有多位导师的情况，请提交由实际指导教师提供并签名的简历。

　　9. 成绩单复印件（自本科阶段起）

　　提供成绩单应包括本科、硕士（如有）、博士（如有）学习阶段，直至最近一学期的成绩。成绩单应由就读单位教务处、研究生院或有关学生管理部门开具并盖章。在外人员可提供外文成绩单，如为英语以外语种，需另提供英文翻译件。

10. 两封专家推荐信（攻读博士学位研究生申请学费资助人员需提交）

申请攻读博士学位人员，如所在单位推荐申请学费奖学金资助，应另行提交两封专家推荐信。推荐人不能是申请人国内导师，应来自不同单位（其中一人应来自高校或科研机构）且须具有正高级专业技术职称；推荐信应使用推荐人所在单位专用信函纸（有单位抬头名称）打印并由推荐人本人签字。其他申请人无须提交此项材料。

11. 外语水平证明复印件

申请人应按2018年国家建设高水平大学公派研究生项目选派办法中有关外语水平要求，提交相应的有效外语水平证明复印件。

12. 有效身份证复印件

请申请人将身份证正反面（个人信息、证件有效期和发证机关）同时复印在同一张A4纸上。

13. 最高学历/学位证书复印件

申请人应提供所持有的最高学历及学位证书的复印件。应届本科毕业生无须提供。如最高学位在境外大学/教育机构获得，可仅提交学位证书复印件，无须提供最高学历证书复印件。

对未按上述要求提交申请材料的，材料审核不予通过。

1.6 国家留学基金资助出国留学外语条件

1.6.1 高级研究学者、访问学者及博士后类别申请人

高级研究学者、访问学者及博士后类别申请人，外语水平需达到以下条件之一：

（1）参加全国外语水平考试（WSK）并达到合格标准。各语种要求如下：

·英语（PETS5）：笔试总分55分（含）以上，其中听力部分18分（含）以上，口试总分3分（含）以上；

·德语（NTD）：笔试总分65分（含）以上；

·法语（TNF）：笔试总分60分（含）以上；

·日语（NNS）/俄语（ТЛРЯ）：笔试总分60分（含）以上，其中口试总分3分（含）以上。

（2）外语专业本科（含）以上毕业（专业语种应与留学目的国使用的语种一致）。

（3）近十年内曾在同一语种国家或地区连续留学8个月（含）以上，或连续工作12个月（含）以上，或曾以国家公派高级研究学者身份留学3个月（含）以上。

（4）曾在教育部指定出国留学人员培训部参加相应语种培训并获结业证书。各语种要求如下：

·英语：高级班结业证书；

·德语、法语、日语、俄语、西班牙语、意大利语：中级班结业证书。

（5）参加雅思、托福、德语、法语、西班牙语、意大利语、日语、韩语水平考试，成绩达到以下标准：

雅思（学术类）6.5分、托福网考95分；

德语、法语、西班牙语、意大利语达到欧洲统一语言参考框架（CECRL）B2级；

日语达到日本语能力测试（JLPT）三级（N3）；

韩语达到TOPIK3级。

（6）赴英语、德语、法语、日语、俄语、西班牙语、意大利语以外其他语种国家留学者，通过国外拟留学单位组织的对该语种的面试或考试，达到其语言要求（应在外方邀请信中注明或单独出具证明）。

*相关说明

1. 上述外语合格条件系留学人员申请和派出的统一标准，申请时合格且外语成绩证明在有效期内，派出时即可视为外语合格。全国外语水平考试（WSK）、教育部出国留学人员培训部结业证书、雅思、托福、欧洲统一语言参考框架（CECRL）、韩语（TOPIK）、日语（JLPT）成绩有效期均为两年。

2. 全国外语水平考试（WSK）的证明材料为全国外语水平考试（WSK）成绩通知单。

3. 外语专业本科（含）以上毕业的证明材料为学历或学位证书。

4. 曾在同一语种国家或地区留学或工作的证明材料为：我驻外使（领）馆出具的《留学回国人员证明》或曾留学单位及工作单位人事部门分别出具的在外学习或工作的证明。对曾留学国与拟留学国使用语言不一致的，须另行提供曾留学单位出具的工作语言为相应语种的证明。

5. 德语、法语、西班牙语、意大利语达到欧洲统一语言参考框架（CECRL）B2级包括参加相应语种考试并取得等同于CECRL B2级的证书或成绩，如德语TestDaF12分以上，法语TEF541分以上、TCF400分以上、DELFB2，西班牙语TELEB2，意大利语CELI3、CILS Due B2、PLIDA B2等。

6. 赴非英语国家外语合格条件的说明

外方邀请信须明确工作语言。对外方邀请信中明确表述可使用英语作为工作语言的留学人员，英语达到国家公派合格标准也可以申请并派出，派出前可按自愿原则到有关教育部出国留学人员培训部参加对象国语言初级培训；对外方邀请信中明确表述使用英语以外语种作为工作语言的留学人员（含邀请信中未明确工作语言者），应达到上述外语合格条件规定的相应语种合格要求。

1.6.2 博士研究生、联合培养博士研究生、硕士研究生及联合培养硕士研究生类别申请人

博士研究生、联合培养博士研究生、硕士研究生及联合培养硕士研究生类别申请人，申请时外语水平需达到以下条件之一：

（1）外语专业本科（含）以上毕业（专业语种应与留学目的国使用语种一致）。

（2）近十年内曾在同一语种国家留学一学年（8～12个月）或连续工作1年（含）以上。

（3）参加全国外语水平考试（WSK）并达到合格标准，合格标准同上。

（4）曾在教育部指定出国留学培训部参加相关语种培训并获得结业证书（英语为高级班，其他语种为中级班）。

（5）参加雅思（学术类）、托福、德、法、意、西、日、韩语水平考试，成绩达到以下标准：雅思6.5分，托福95分，德、法、意、西语达到欧洲统一语言参考框架（CECRL）的B2级，日语达到二级（N2），韩语达到TOPIK4级。

（6）通过国外拟留学单位组织的面试、考试等，达到其语言要求（应在外方邀请信中注明或单独出具证明）。

赴德语、法语、俄语、日语、意大利语及西班牙语国家攻读博士学位研究生和联合培养博士生如被录取，派出前须达到以下要求：

（1）如工作语言为英语，英语达到合格标准；同时，须在培训部参加留学对象国语言培训达到初级班水平或自行参加考试达到相关语种合格标准。

（2）如工作语言为俄语、日语，攻读博士学位研究生达到培训部初级班水平或自行参加考试达到相关语种合格标准；联合培养博士研究生达到培训部中级班水平或自行参加考试达到相关语种合格标准。

（3）如工作语言为德语、法语、意大利语、西班牙语，攻读博士学位研究生和联合培养博士研究生均需达到培训部中级班水平或自行参加考试达到相关语种合格标准。

1.6.3 本科插班生类别申请人

本科插班生类别申请人，外语水平需达到以下条件之一：

（1）外语专业在读本科二年级（含）以上学生（专业语种应与留学目的国使用语种一致）。

（2）曾在同一语种国家留学一学年（8～12个月）以上。

（3）参加全国外语水平考试（WSK）并达到合格标准，合格标准同上。

（4）曾在教育部指定出国留学培训部参加相关语种培训并获得结业证书（英语为高级班，其他语种为中级班）。

（5）参加雅思（学术类）、托福、德、法、意、西、日、韩语水平考试，成绩达到以下标准：雅思6.5分，托福95分，德、法、意、西语达到欧洲统一语言参考框架（CECRL）的B2级，日语达到二级（N2），韩语达到TOPIK4级。

（6）通过国外拟留学单位组织的面试、考试等方式达到其语言要求（应在外方邀请信中注明或单独出具证明）。

1.6.4 关于全国外语水平考试（WSK）及外语培训

（1）关于全国外语水平考试（WSK）的考试时间，请在每年1月查询教育部考试中心网站http://sk.neea.edu.cn/yydjks/index.jsp。

（2）参加英语培训者，由申请人自行联系教育部指定出国留学人员培训部参加培训。参加德语、法语、俄语、日语、意大利语及西班牙语培训者，可由申请人自行联系教育部指定出国留学人员培训部参加培训，亦可在录取后由国家留学基金管理委员会统一安排到相应培训部参加培训。各培训部培训语种、联系电话等信息请查阅《教育部指定出国留学人员培训部培训语种及联系电话》。

（3）参加培训的人员入学前需参加有关培训部组织的水平测试，并根据测试结果安排相应级别的培训。参加英语高级班培训的人员，须参加全国统一结业考试。

1.7　国家公派研究生项目常见问题解答

有不少人对国家公派研究生项目不是很了解，常常在一些留学网站上提出各种问题，鉴于国家留学基金管理委员会的专家们的回复更具权威性，本书参照网站公布的最新内容进行实录和选编，以供参考。

1.7.1　申报阶段

（1）2018年国家建设高水平大学公派研究生项目的选派时间、选拔范围及选派规模有哪些变化？

答：2018年国家建设高水平大学公派研究生项目的网上报名及申请受理时间从3月20日开始，截至北京时间4月5日24时。

攻读博士学位研究生继续面向全国及在部分国家就读的留学人员公开选拔；联合培养博士研究生面向全国各博士学位授予单位选拔。

2018年项目选派计划为9500人，其中攻读博士学位研究生3000人，联合培养博士研究生6500人。

（2）如何联系国外留学单位，联系时应注意哪些事项？

答：攻读博士学位生，无论利用国家留学基金委现有合作渠道派出还是利用所在单位或个人合作渠道派出，均需自行对外联系，取得入学通知书/邀请信等材料；联合培养博士研究生主要通过所在院系、导师联系落实国外留学单位和导师，制定联合培养计划并取得邀请信。

在报名前需要取得外方正式的邀请信或录取通知书。联系过程中写清本人联系地址、电话、E-mail、传真号码等信息，以便顺利取得外方邀请信/入学通知等有关材料，并注意保留对外联系过程中的重要信息。

（3）什么是"派出渠道"？什么是"所在单位或个人合作渠道"？申请的国外留学单位仅限国家留学基金管理委员会现有的中外合作渠道吗？

答："派出渠道"包括"所在单位或个人合作渠道"和"中外合作奖学金"两类。"所在单位或个人合作渠道"系申请人利用所在单位现有国际合作渠道或个人自行对外联系渠道落实国外留学单位。"中外合作奖学金"系申请人利用国家留学基金委与国外院校或机构所签的合作协议派出（申请人按要求自行联系国外单位，并获得外方同意）。

国外留学单位不仅限于国家留学基金委现有合作渠道，申请人亦可利用所在单位或个人合作渠道联系国外留学单位派出。

（4）可同时申请"所在单位或个人合作渠道"和"中外合作奖学金"吗？"所在单位或个人合作渠道"和"中外合作奖学金"在申请录取环节有何区别？

答：不可以。对外联系阶段，申请人可自行选择派出渠道，但网上报名时，只能选择其中一种进行申报。

申请"所在单位或个人合作渠道"人员，按照相关要求准备并提交申请材料即可，录取结果于5月进行统一公布。对申请"中外合作奖学金"人员，如合作奖学金对申请材料有特殊要求的，还需按具体规定补充相关材料。同时，中外合作奖学金的录取结果在与外方确认后陆续公布。

（5）邀请信应具备哪些内容？

答：邀请信中应明确以下内容：

申请人基本信息，包括申请人姓名、出生日期、国内院校等；

留学身份——攻读博士学位研究生或联合培养博士研究生；

留学时间——应明确留学期限及起止年月（入学时间不得晚于2018年3月31日）；

国外指导教师信息；

留学专业或受邀人拟在国外从事主要学习/研究工作；

免学费或获得学费资助等相关费用信息（申请联合培养博士研究生和申请学费资助人员无须包含此项）。

（6）留学期限和资助期限如何确定？

答：攻读博士学位研究生的留学期限具体以拟留学院校或单位学制为准，资助期限原则上不超过48个月。联合培养博士研究生的留学期限和资助期限为6～24个月，具体由国内外导师商定。另外，申请时为在外自费留学博士一年级的人员，被录取后留学期限和资助期限从博士二年级开始算起。

（7）国家公派留学人员奖学金资助的主要内容是什么？

答：主要资助内容包括一次国际往返旅费及奖学金生活费，其中奖学金生

活费是指国家公派留学人员在外学习的基本生活费用，包括伙食费、住宿费、交通费、电话费、书籍资料费、医疗保险费、交际费、一次性安置费、零用费等。具体标准按照教育部、财政部有关规定执行。

（8）是否可申请学费资助？

答：对少数赴国外一流高校、一流专业攻读博士学位人员，如其学科专业确为国家急需，且难以获得外方学费资助，特别是人文学科及应用社会科学专业，可提供学费资助，但联合培养博士研究生不能申请学费资助，具体按照《国家建设高水平大学公派研究生项目学费资助办法（试行）》执行。需要说明的是，学费资助并不是单纯向未取得外方学费资助的人员提供学费支持，其选拔标准和要求更加严格，需进行面试。

（9）如取得多个外方院校的邀请信，申请时是否可申请多所院校？

答：不可以。申报时只能申请一所国外院校，并提交该院校的正式入学通知/邀请函。

（10）是否需在申报前取得外方邀请信？

答：申请者需要在网上报名前取得外方正式的邀请信或录取通知书。

（11）对国家公派留学人员的身体条件有什么要求？

答：身心健康是申请者应具备的条件之一。申请者在申请前，应事先了解自身的身心健康状况及留学目的国的生活条件及健康要求，判断自己是否适合长时间出国留学。多数留学期限在6个月以上的公派留学人员，派出前须到当地出入境检验检疫局进行体检，并须获得《国际旅行健康证明书》，并由教育部出国留学服务中心、教育部出国留学人员上海集训部、广州留学人员服务管理中心审核合格后方可派出（具体信息请登录教育留学服务中心网站查询 http://www.cscse.edu.cn/publish/portal0/tab79/info3913.htm ）。

（12）已获得国外全额奖学金，是否可以再申请国家留学基金管理委员会的资助？

答：不可以。获得部分奖学金者（指外方的奖学金扣除学费资助后，未达到国家公派奖学金的资助标准）可申请。

（13）国内已离校的应届本科毕业生、硕士毕业生如申请攻读博士学位研究
　　　生，应如何申请？

　　答：国家留学基金委不直接接受个人申请，已毕业离校的学生如申请攻读
博士学位，须通过国内工作单位推荐。

（14）企业工作人员是否可以申请攻读博士学位研究生？对企业性质是否有要
　　　求？

　　答：可以。根据选派办法，国内企业、事业单位、行政机关、科研机构的
正式工作人员都可申请攻读博士学位研究生。对企业性质无特殊要求。在职人
员申请须获得国内工作单位推荐。

（15）硕博连读生或直博生能否申请本项目？

　　答：硕博连读生和直博生如希申请联合培养博士研究生类别，为保证留学
目的清晰明确、联合培养计划切实可行，建议申请人申报时博士论文已开题。

　　进入博士阶段第二年及以上学生（含已转入博士阶段第二年及以上的硕博
连读生、二年级及以上的直博生）不可以申请攻读博士学位研究生。

（16）是否可以申请国外大学的硕博连读？

　　答：应届本科毕业生可以，但必须在正式的录取通知书或邀请函中明确说
明最终将获得博士学位。

　　应届硕士毕业生、在读硕士生以及硕博连读生、直博生不能申请赴国外硕
博连读。

（17）联合培养博士研究生邀请信上的身份该如何表述？

　　答：赴美国等国家的联合培养博士研究生取得的邀请信上身份可以为joint
Ph. D. student, visiting student, visiting researcher或类似表达方式；赴英国的
联合培养博士研究生须明确为joint Ph. D. student, visiting student等学生类的表
述。

（18）如何取得《出国留学单位推荐意见表》？

　　答：申请人在国家公派留学管理信息平台填写《出国留学申请表》完毕后
需提交并打印，空白《出国留学单位推荐意见表》将随同申请表一起打印，不
能单独打印。

（19）《单位推荐意见表》由谁负责填写，由谁负责输机？

答：《单位推荐意见表》在申请人打印申请表时由网上报名系统自动生成（申请人在网上报名阶段此表不在报名系统中显示）。推荐意见应由申请人所在部门（院、系、所等）针对每位申请人填写。上级批准意见由所在单位负责选拔工作的主管部门在认真核对申请人所填信息后填写，应加盖推荐单位公章。

"985工程""211工程"建设高校的申请人，其《单位推荐意见表》的电子信息由各校主管部门负责输入网上报名系统；来自其他单位的申请人，其《单位推荐意见表》的电子信息由国家留学基金申请受理机构负责输入网上报名系统。

（20）申请表提交后是否可以进行更改？

答：申请人提交申请表后，在受理机构接收前可以提回修改，受理机构接收后不能提回申请表。如确实需在受理机构接收后修正内容，需联系受理机构退回，并在项目开通期内再次提交申请表。因此，在申请表填写完成后，请务必仔细核对确保无误。

（21）提交材料时需要注意哪些问题：

答：①保证材料真实，确保材料上传齐全。

②请按提示详细填写研修计划，这是评审时非常重要的参考材料。

③国内外导师信息准确、清晰，最好由导师本人提供并附带本人签名，务必杜绝从其他途径复制或过于简单的介绍。

④联合培养博士研究生的研修计划必须有双方导师共同签字。

⑤申请学费资助人员务必提供当年学费明细表（有外方主管部门负责人签字）。因申请学费资助人员将组织专家进行面试，请在申请阶段保持通讯畅通。

⑥申请人提交的成绩单应从本科开始，如为硕士/博士在读人员，请提供从本科至最近结束的一个学期的成绩单（不是只提供最后一年的成绩单）。

（22）外语要求中第二条，"近十年内曾在同一语种国家留学一学年（8~12个月）或连续工作一年（含）以上"，如何认定？

答：留学人员应提供我国驻外使领馆出具的"留学回国人员证明"或留学

（工作）单位出具的"在外学习（工作）证明"。

（23）雅思、托福或者全国外语水平考试（WSK）是否必须在有效期内?

答：是的，雅思、托福和WSK的成绩有效期为两年，申请时成绩需在有效期内。

（24）留学身份选定后是否可以再更改?

答：不可以。进入网上报名系统后，首先要选定留学身份，再选择留学国别和项目名称。留学身份一旦确定则不可更改，如需更改，必须重新注册一个用户名。

（25）赴非英语国家留学而工作/学习语言为英语，可否以英语成绩申报?

答：可以。但赴德语、法语、俄语、日语、意大利语及西班牙语国家的申请人被录取后，须留学对象国语种达标后才能派出。申请人应根据申报"信息平台"及录取名单中的相关信息确认是否需要通过参加培训或考试达到派出要求，根据安排参加教育部指定培训部小语种（德语、法语、俄语、日语、意大利语及西班牙语）培训的人员，其培训费用由国家留学基金负担。

（26）在网上提交申请后是否需要邮寄纸质材料至留学基金委?

答：一般不需要。纸质材料交受理机构留存即可，留存期限为三年。申请的国家留学基金委与国外高校/机构合作奖学金对申请材料有特殊要求的，还需按具体合作奖学金规定执行。

（27）留学单位收取攻读博士学位申请人学费，是否可以由申请人个人支付?

答：不可以。国家建设高水平大学公派研究生项目攻读博士学位类别不允许个人自己支付学费。

（28）外方出具的邀请信或入学通知书说明留学期限为3~4年，申请国家资助时如何选择资助期限与留学期限?

答：针对外方统一邀请信或入学通知书只说明某一区间的情况，建议申请人通过所属留学单位院系或导师出具补充文件，明确留学期限。

（29）申请系统中没有申请人的拟留学单位，可否申请添加?

答：可以。一些留学单位特别是科研院所不在所列留学单位列表内，申请人可在线填写申请表时，按照相应提示办法及流程，申请新增留学单位。

（30）需上传的附件材料学习计划与网上申请表研修计划是否为同一材料？

答：不是。附件材料中的学习计划为申请人、国外导师与国内导师共同制定，且应为外文。研修计划为在网上申请表中填写，语言为中文，且对应包含内容有简要说明。

（31）选派办法的申请条件中，"应届毕业生（含应届本科生和应届硕士生）"如何理解？

答：符合申请条件的应届毕业生应为高校/科研机构本科或硕士研究生最后一年的在读人员（不含已毕业离校人员），毕业且进入工作单位者可通过国家留学基金申请受理机构申请。

（32）如申请人曾通过信息平台申请过国家公派出国留学项目，本次是否可重新使用上次填写的申请表及上传的材料再次进行申请？

答：不可以。再次申请需使用重新注册的账号，按要求填写申请信息上传申请材料后，在线提交，以往的申请记录与本次申请无关。

1.7.2 评审阶段

问：项目评审的基本选拔标准有哪些？

答：国家建设高水平大学公派研究生项目遵循"公开、公平、公正"的原则，按照"选拔一流学生，到国外一流院校、科研机构或学科专业，师从一流导师"的要求进行选拔。

评审包括资格审核和专家评审两个环节，资格审核通过的进入专家评审环节：

①资格审核环节。

主要审核：

·申请人是否满足项目选派办法规定的申报条件，如年龄、外语水平条件等。

·申请材料是否合格，如申请材料是否齐全、申请材料是否符合要求。

②专家评审环节。

专家主要从以下方面进行综合评审：

·申请人综合素质和发展潜力，包括教育背景、学习成绩、专业基础、科研能力、工作业绩、国际交流能力等。

·出国留学的必要性和研修计划的可行性，包括拟留学专业是否属国家留学基金优先资助学科专业或国家发展急需专业，与国内所学专业的关联程度及在国内外研究水平的差距，学习计划的必要性及可行性。

·拟留学单位及留学专业情况，包括拟留学单位的世界认可度，留学专业是否为该单位的优势或特色学科。

·国外导师情况，包括学术背景、影响力及相关工作经历。

·国内单位推荐意见/专家的评审意见及申请材料的准备情况等也将作为专家评审的重要依据。

1.7.3 录取和派出阶段

（1）被录取后会收到哪些材料？留学资格有效期保留到什么时候？

答：留学基金委正式录取通知复印件、《国家留学基金资助出国留学资格证书》、英文资助证明（一式两份）、《资助出国留学协议书》（六份/人）。

国家公派研究生的留学资格有效期一般为申请当年，最迟不超过次年3月底，过期无效，具体以录取通知为准。未经批准擅自放弃资格或不按期派出者，五年内不得再申请国家公派出国留学。被录取人员即使经批准同意放弃资格，两年内亦不得再次申请国家公派出国留学。

（2）被国家留学基金管理委员会录取后，是否可以申请变更留学单位、导师或国别？

答：原则上不可以，若确有特殊情况，需经所在单位向基金委欧洲事务部、亚非事务部或美大事务部提出申请。

（3）赴德语、法语、俄语、日语、意大利语及西班牙语国家的申请人被录取后，派出前是否必须达到相应的外语水平要求？

答：是的，具体以录取名单中相关外语水平要求为准。录取名单中无外语水平要求的可直接派出；有要求的，派出前外语还须符合以下条件：

①如工作语言为英语，在英语达到合格标准的同时，攻读博士学位研究生和联合培养博士生还均须在教育部指定的出国留学培训部参加留学对象国语言

培训，并达到初级班水平或自行参加2016年国家建设高水平大学公派研究生项目选派办法第十五条（一）至（四）规定的合格标准考试之一。

②如工作语言为俄语、日语，攻读博士学位研究生达到培训部初级班水平或自行参加选派办法中第十五条（一）至（四）规定的合格标准之一；联合培养博士研究生达到第十五条（一）至（五）规定的合格标准之一。

③如工作语言为德语、法语、意大利语、西班牙语，攻读博士学位研究生和联合培养博士研究生均需达到培训部中级班水平或自行参加选派办法中第十五条（一）至（五）规定的合格标准之一。

（4）录取后又取得了国外移民签证或者国外永久居留权，还能派出吗？

答：不能。一旦取得国外移民签证或国外永久居留权，其国家公派留学项目资格将自动取消。留学服务机构将不再受理办理签证和机票事宜。

（5）如何交存保证金，被录取的在外自费留学人员办理保证金时需提供哪些材料？

答：交存保证金的具体细节请在留学基金委网站上查阅《出国留学人员须知》。

在外自费留学人员办理时需出示录取函或《国家留学基金资助出国留学资格证书》复印件、有效学生身份证明、护照首页及有效入境签证页复印件。采取面交现金方式的，须在面交时一并出具；采取银行划转的，须在划转的同时将以上材料传真至010-88395790。

（6）国家公派人员承担的责任和义务是什么？

答：国家公派出国留学实行"签约派出，违约赔偿"的管理办法。留学人员派出前须与留学基金委签订《资助出国留学协议书》、交存保证金。留学人员在国外留学期间，应遵守所在国法律法规、国家留学基金资助出国留学人员的有关规定及《资助出国留学协议书》的有关约定，自觉接受驻外使（领）馆教育处（组）的管理，学成后须履行按期回国服务义务，服务期为两年，攻读博士学位研究生毕业后经批准可从事1~2年的博士后研究。

（7）赴英国的联合培养博士研究生办理签证有哪些需注意的问题？

答：根据2009年3月英国签证新规定，联合培养博士生必须申请Tier 4学生签证，须由邀请方提供申请学生签证的CAS号码，出具Visa Letter。赴研究所、独立实验室等非教育机构申请人须提前了解是否可为学生办理学生签证申请。使用Academic Visitor类别申请均会被拒签。

建议赴英联培生的留学时间控制在6～12个月为宜，申请前充分与拟留学院校沟通，确认可顺利申办有关签证申请材料后再进行下一步申请。

（8）赴美国的留学候选人应办理何种签证？

答：赴美攻读博士学位的留学人员可以根据美方实际发放签证申请表的种类办理F-1或J-1签证；联合培养博士研究生仍要求办理J-1签证。

1.7.4 回国阶段

（1）回国后须履行回国服务期两年，如何计算？

答：按《资助出国留学协议书》的规定，被录取人员学成后须履行按期回国服务两年的义务。

攻读博士学位研究生毕业后经批准可从事不超过两年的博士后研究。回国服务时间从留学人员完成学业回国入境时开始计算，服务期两年。

（2）怎样办理提取保证金手续？

答：留学人员须将《国家公派出国留学人员回国报到表》《提取保证金证明表》，根据前往国家，分别寄送至国家留学基金委欧洲事务部/亚非事务部/美大事务部。具体操作请参考《留学人员须知》中"国家公派留学人员回国报到提取保证金办法"。通信地址：北京车公庄大街9号A3楼13层国家留学基金管理委员会，邮编100044。

1.7.5 在外留学人员相关问题

（1）哪些国家的留学人员可以申报本项目？

答：2018年攻读博士学位研究生继续面向美国、加拿大、日本、韩国、新加坡、泰国、以色列、南非、澳大利亚、新西兰、俄罗斯、白俄罗斯、乌克兰、捷克、德国、法国、瑞士、比利时、奥地利、荷兰、意大利、西班牙、葡萄牙、瑞典、丹麦、挪威、芬兰、英国、爱尔兰、古巴、匈牙利、塞尔维亚等32个国家选拔，其他国家的自费留学人员暂不能申请本项目。

（2）对可申报的国家是否有名额限制？

答：没有名额限制，在外人员和国内申请人公平竞争。

（3）对在外留学人员有何要求？

答：国外高校或科研机构正式注册的自费留学应届硕士毕业生（已毕业离校的学生除外）、攻读博士学位第一年的学生及国家公派应届硕士毕业生可以申报。申请时，应届硕士毕业生已获得攻读博士学位入学通知书（邀请信）、免学费或获得学费资助证明；攻读博士学位第一年的学生须出具就读院校注册证明、免学费或获得学费资助证明。

申请时在国外已硕士毕业离校的人员不能申请。

（4）对于在外留学人员，评审录取时是否和国内申请人区别对待？

答：对于满足申报条件的各类申请人，国家建设高水平大学公派研究生项目均按统一标准、择优录取的原则评审录取。

（5）在外留学人员是否必须回国办理录取后的派出手续？

答：录取后的在外自费留学人员需回国办理如签订并公证《资助出国留学协议书》、交存保证金等手续，最后通过教育部留学服务中心、教育部出国人员上海集训部或广州留学人员服务管理中心办理后续派出手续。回国办理派出手续的机票自理。办理派出手续后赴留学目的国的机票由留学服务机构购买。

在外应届国家公派硕士毕业生如被录取，可直接在我国驻该国使（领）馆办理续签《资助出国留学协议书》等手续，无须再行交存保证金。如需回国办理签证等手续，回国旅费及赴攻读博士学位目的国的国际旅费均由国家留学基金负担。如直接前往第三国攻读博士学位的，国际旅费自理。

（6）如何确定申请时为在外自费留学博士一年级人员的留学期限和资助期限？

答：对于申请时为在外自费留学博士一年级的人员，被录取后留学期限和资助期限从博士二年级开始算起。

1.8　国家留学基金管理委员会出国留学奖学金申请程序

01	查阅《国家留学基金资助出国留学人员选派简章》，了解选派计划、选派类别、基本申报条件和申请时间等相关信息；
02	按留学身份、拟留学国别查询可申报项目，了解具体选派办法，确定拟申请留学项目及具体派出渠道；
03	按拟申请项目及派出渠道要求做好前期申请准备工作；
04	经所在单位同意后，按所申请项目及渠道确定的申请时间登录信息平台进行网上报名（详见《2018年国家留学基金管理委员会网上报名系统填表说明》）；
05	准备申请材料（请查阅有关项目专栏内容）；
06	向受理单位提交申请材料："985工程""211工程"建设高校人员的申请由所在学校主管部门负责受理；在外留学人员的申请委托现就读院校或科研机构所在国我驻外使（领）馆教育处（组）负责受理；其他人员的申请由有关国家留学基金申请受理机构负责受理；少量项目须直接向国家留学基金管理委员会提交申请材料，具体请查阅项目选派办法。

信息来源：国家留学基金管理委员会http://www.csc.edu.cn/chuguo。

1.9 国家留学基金管理委员会留学资助申请时间表

11月

项目信息发布

次年2月~3月

·申报

学院学校选拔（3月2日）

次年4月

·国家留学基金管理委员会组织评审

次年5月20日~30日

·国家留学基金管理委员会第二轮申请和选拔

次年6月

·国家留学基金管理委员会公布正式结果

注：具体日程安排参照当年国家留学基金管理委员会官方网站，本表仅供参考。

2
申请国外高校

本章主要介绍了申请留学的相关步骤和个人申请经验。介绍的申请步骤仅供参考，并不是一定要完全按步骤来做，大家应该根据自己的实际情况酌情处理，或可省略一些步骤。本章节的个人申请实战经验为大家提供参考，希望对打算申请或正在申请留学的学弟学妹们有所帮助。介绍申请公派读博的篇幅有限，主要是因为其申请流程与自费申请读博流程一致，唯一区别在于资助方的不同。一般而言，拿到对方学校的录取通知书（Offer）就可以了，能免学费的话国家一般都会给予减免，如果确实不行，则可向国家申请学费和生活费资助，往往需要另走奖学金申请流程。关于申请读博的经验，《北大飞跃手册》和《上海交大留学手册》已经有很详尽的介绍，本书不再赘述。

鉴于留学申请过程相对复杂，涉及的材料文件和程序繁复，在申请的过程中一定要抓紧时间并按照国家留学基金管理委员会申请公派的时间表进行。下面将详细介绍申请过程所涉及的材料和注意事项。

2.1　准备材料

在向学校和国家留学基金管理委员会提交公派留学申请的材料当中，国外导师的邀请函（Invitation Letter）是必不可少的材料之一，也是最关键的材料之一。而要想获得国外导师的邀请函，就必须先准备好向国外导师申请邀请函的材料。根据很多人的总结，需要的材料主要包括以下几个方面：

　　·个人简历（Curriculum Vitae，CV or Resume）。

　　·个人陈述（Personal Statement，PS）或申请说明（Cover Letter）。

　　·推荐信（Reference Letter）。

·已发表论文。

·未成文论文。

·初步研究计划。

准备好以上这些材料，对于获得邀请函有直接的帮助。下面逐一讲解各项材料。

2.1.1 个人简历（Curriculum Vitae，CV）

个人简历是求职者生活、学习、工作、经历、成绩的概括。一般常用的简历格式有两种：一种是按年月顺序，列出自己的学习工作经历；另一种是根据需要有选择地列出自己的学习、工作经历，充分表现自己的技能、品德。对于申请公派留学来说，采用第一种格式更好，可以让国外导师对你的学习工作经历有直接的了解。

一般来说，向国外导师申请邀请函时的简历应包括如下几个部分：

（1）个人资料（Personal Details）

个人基本情况，应列出自己的姓名、性别、出生日期、学校、系别及专业、婚姻状况、健康状况、爱好与兴趣、家庭住址、电话号码与电子邮件等。

（2）教育程度（Education）

这一部分为学历情况简介，应写明曾在某某学校、某某专业或学科学习，所学科目以及起止期间，并列出所学主要课程及学习成绩、在学校和班级所担任的职务、每年所学的跟求职工种相关的课程、自己参加的相关项目（Project）、所写的论文（Thesis/Dissertation），以及在校期间所获得的各种奖励和荣誉。特别需要注意的一点是，国外简历的事件排序方式是从最近的事件开始往回写。

（3）工作经验（Work Experiences）

若有工作经验，列出你最近的工作经验以及工作资历情况。首先列出最近的工作经历，然后详述曾经工作过的单位、日期、职位以及工作性质。

（4）学术成绩（Academic Activities）

本部分为发表文章列表。你所发表的文章是国外导师认识你的直接途径，如果有几篇比较好的期刊文章，必然可以达到更好的效果。如果已发表论文学量有限，那么作为第二作者或第三作者所参与的论文也可以列入。

（5）个人兴趣（Interest / Extra-Curricular Activities）

简要地列出你自己的一些技能，比如计算机专业的就可以列入自己所掌握的编程语言等。

还可列入自己擅长的其他活动或个人兴趣，例如体育项目、集体活动、志愿工作等，尤其是如果你在这些活动中担任领袖（leader）的话。

其他部分如个人介绍，可以酌情添加，不要以段落的形式出现。注意简历一定要简练，篇幅应该限制在三页之内。要把简历看作一份广告，推销自己。最成功的广告要简短而富有感召力，并且能够多次重复重要的信息。尽量运用动作性短语使语言更加鲜活有力。可在简历首页写一段总结性的话语，陈述自己最大的优势，然后再在个人介绍中将这些优势以经历和成绩的形式加以叙述。

坦率而言，投递个人简历后只有两种极端结果：可考虑或是扔入垃圾桶。值得提醒的是，个人简历一定要设计精简且易读，不宜长篇大论，最好不要超过三张A4纸（特殊工种除外），因为导师没有耐心和时间看完你的"长篇大论"。此外，大部分情况下都应选用正式的白色纸张和黑色字体。但如果你申请的是绘图设计或者图像等专业时，则可以考虑用别出心裁的设计。

很多大学的网址上有各大教授的个人简介，作为求学的学生，也许你没有那么多头衔、文章或基金，但是可以参考一下格式和内容。下面分别以外方导师Androw R. Hoffman和Jane Diego教授的简历为例，列出两种简历的模板：

模板1

CURRICULUM VITAE

ANDREW R. HOFFMAN, M.D.

Building 100, Room D4-132

Department of Veterans Affairs Palo Alto Health Care System

3801 Miranda Avenue

Palo Alto, California 94304

Phone: (650) 858-3930

FAX (650) 856-8024

E-mail: arhoffman@ stanford.edu

NAME Andrew R. Hoffman	POSITION TITLE Professor of Medicine		
eRA COMMONS USER NAME HOFFMAN.ANDREW			
EDUCATION/TRAINING *(Begin with baccalaureate or other initial professional education, such as nursing, and include postdoctoral training.)*			
INSTITUTION AND LOCATION	DEGREE *(if applicable)*	YEAR(s)	FIELD OF STUDY
University of Michigan; Ann Arbor, MI	BA	1967-1971	History
Stanford University; Palo Alto, CA	MD	1971-1976	Medicine
Massachusetts General Hospital; Boston, MA	Resident	1976-1978	Internal Medicine
National Institutes of Health; Bethesda, MD	Fellow	1978-1980	Pharmacology
Massachusetts General Hospital; Boston, MA	Fellow	1980-1982	Endocrinology

A. Positions and Honors

Professional Experience:

1982-1988   Assistant Professor of Medicine (Endocrinology), Stanford University

1988-1995	Associate Professor of Medicine and of Molecular and Cellular Physiology, Stanford University
1988-2001	Associate Chair, Department of Medicine, Stanford University
1988-present	Staff Physician, VA Palo Alto Health Care System (VAPAHCS)
1988-2000	Chief, Medical Service; VAPAHCS
1995-present	Professor of Medicine and of Molecular and Cellular Physiology, Stanford University
1995-2001	Chief, Division of Endocrinology, Gerontology and Metabolism, Stanford University
1995-2000	Acting Director, Geriatrics Research, Education and Clinical Center, VAPAHCS
2000-2001	Acting Associate Chief of Staff for Research, VAPAHCS
2004-present	Associate Chair, Department of Medicine, Stanford University

Honors and Awards:

1983-1984	Mellon Foundation Fellow
1983-1985	Alfred P. Sloan Research Fellow
1984-1987	Hume Faculty Scholar
1987	Kaiser Award for Excellence in Clinical Teaching (Medical Students)
1988	Kaiser Award for Innovative and Outstanding Contributions to Medical Education (Faculty)
1992-1993	President, American Federation for Clinical Research
1994-1995	President, Western Society for Clinical Investigation

B. Selected Peer-reviewed Publications (From a List of 219 Publications)

1. Vu TH and Hoffman AR. Promoter-specific imprinting of the human insulin-like growth factor-II gene. Nature 371: 714-717, 1994.

2. Vu TH and Hoffman AR. Imprinting of the Angelman syndrome gene, UBE3A, is restricted to brain. Nature Genet 17: 12-13, 1997.

3. Okamura K, Hagiwara-Takeuchi Y, Li T, Vu TH, Hirai M, Hattori M, Sakaki Y, Hoffman AR, and Ito T. Comparative genome analysis of the mouse imprinted gene impact and its nonimprinted human homolog impact: Toward the structural basis for species-specific imprinting. Genome Res 10: 1878-1889, 2000.

4. Hoffman AR. Should we treat the andropause? (editorial) Am J Med 111: 322-323, 2001.

5. Friedlander AL, Butterfield GE, Moynihan S, Grillo J, Pollack M, Holloway L, Yesavage L, Matthias D, Lee S, Marcus R, and Hoffman AR. One year of IGF-I treatment does not affect bone mineral density, body composition or psychological parameters in postmenopausal women. JCEM 86: 1496-1503, 2001.

6. Killian JK, Li T, Nolan CM,Vu T, Hoffman AR, and Jirtle RL. Divergent evolution in genomic imprinting from the Jurassic to the Quaternary. Hum Mol Gen 10: 1721-1728, 2001.

7. Li T, Vu TH, Lee KO, Nguyen CV, Bui HQ, Zeng ZZL, Nguyen BT, Hu JF, Murphy SK, Jirtle RL, and Hoffman AR. An imprinted PEG1/MEST antisense expressed predominantly in human testis and in mature spermatozoa. J Biol Chem 277: 13518-13527, 2002.

8. Yao X, Hu JF, Daniels M, Shiran H, Zhou X, Yan H, Lu H, Zeng Z, Wang Q, Li T, and Hoffman AR. A methylated oligonucleotide inhibits IGF2 expression and enhances survival in a model of hepatocellular carcinoma. J Clin Invest 111: 265-273, 2003.

9. Ulaner GA, Vu TH, Li T, Hu JF, Yao XM, Yang Y, Gorlick R, Meyers P, Healey J, Landanyi M, and Hoffman AR. Loss of imprinting of IGF2 and H19 in osteosarcoma is accompanied by reciprocal changes in methylation of a CTCF-binding site. Hum Mol Genet 12:535-549, 2003.

10. Ulaner GA, Huang HY, Otero J, Zhao Z, Ben-Porat L, Satagopan JM, Gorlick R, Meyers P, Healey JH, Huvos AG, Hoffman AR, and Ladanyi M. Absence of a telomere maintenance mechanism as a favorable prognostic factor in patients with osteosarcoma. Cancer Res 63:1759-1763, 2003.

11. Vu TH, Chuyen NV, Li T and Hoffman AR. Loss of imprinting of IGF2 sense and antisense transcripts in Wilms' tumor. Cancer Res 63:1900-1905, 2003.

12. Yao X, Hu JF, Daniels M, Yien H, Lu H, Sharan H, Zhou X, Xeng Z, Li T, Yang Y, and Hoffman AR. A novel orthotopic tumor model to study growth factors and oncogenes in hepatocarcinogenesis. Clin Cancer Res 9: 2719-2726, 2003.

13. Hoffman AR, Kuntze JE, Baptista J, Baum HBA, Baumann GP, Biller BMK, Clark RV, Cook D, Inzucchi SE, Kleinberg D, Klibanski A, Phillips LS, Ridgway EC, Robbins RJ, Schlechte J, Sharma M, Thorner MO, and Vance ML. Growth hormone (GH) replacement therapy in adult-onset GH deficiency: Effects on body composition in men and women in a double-blind, randomized, placebo-controlled trial. J Clin Endocrinol Metab 89: 2048-2056, 2004.

14. Li T, Vu TH, Ulaner GA, Yang Y, Hu JF, and Hoffman AR. Activating and silencing histone modifications form independent allelic switch regions in the imprinted Gnas gene. Hum Mol Genet 13: 741-750, 2004.

15. Hoffman AR, Strasburger CJ, Zagar A, Blum WF, Kehely A, and Hartman ML on behalf of the T002 Study Group. Efficacy and tolerability of an individualized dosing regimen for adult growth hormone replacement therapy in comparison with fixed body weight-based dosing. J Clin Endocrinol Metab 89: 3224-3233, 2004.

16. Friedlander AL, Braun B, Pollack M, MacDonald JR, Fulco CS, Muza SR, Rock PB, Henderson GC, Horning MA, Brooks GA, Hoffman AR, and Cymerman A. Three weeks of caloric restriction alters protein metabolism and performance in normal weight, young men. Am J Physiol (Endocrinol Metab) 289: E446-455, 2005.

17. Li T, Vu TH, Ulaner GA, Littman E, Ling JQ, Chen HL, Hu JF, Behr B, Giudice L, and Hoffman AR. In vitro fertilization results in de novo DNA methylation and histone methylation at an Igf2-H19 imprinting epigenetic switch. Mol Hum Reprod 11:631-640, 2005.

18. Hoffman AR, Biller BMK, Cook D, Baptista J, Silverman BL, Dao L, Attie KM, Fielder P, Maneatis T, and Lippe B for the Genentech Adult GH Deficiency Study Group. Efficacy of a long-acting growth hormone (GH) preparation in

patients with adult GH deficiency. J Clin Endocrinol Metab 90: 6431-6440, 2005.

19. Taylor BC, Wilt TJ, Fink HA, Lambert LC, Marshall LM, Hoffman AR, Beer TM, Bauer DC, Zmuda JM, and Orwoll ES for the Osteoporotic Fractures in Men (MrOS) Study Research Group. Prevalence, severity and health correlates of lower urinary tract symptoms among older men: The MrOS Study. Urology 68: 804-809, 2006.

20. Ling JQ, Li T, Hu JF, Vu TH, Chen HL, Qiu XW, Cherry AM and Hoffman AR. CTCF mediates interchromosomal colocalization between Igf2/H19 and Wsb1/Nf1. Science 312: 269-272, 2006.

21. Chen HL, Li T, Qui XW, Wu J, Ling JQ, Sun ZH, Wang W, Chen W, Hou A, Vu TH, Hoffman AR*, and JF Hu.* Correction of aberrant imprinting of IGF2 in human tumors by nuclear transfer-induced epigenetic reprogramming. EMBO J 25: 5329-5338, 2006. *dual senior author

22. Liu H, Bravata DM, Olkin I, Nayak S, Roberts B, Garber AM, and Hoffman AR. The safety and efficacy of growth hormone in the healthy elderly: A systematic review. Ann Intern Med 146: 104-115, 2007.

23. Chen TL, Shen WJ, Qiu XW, Li T, Hoffman AR, and Kraemer FB. Generation of novel adipocyte monolayer cultures from embryonic stem cells. Stem Cells Develop 16: 371-380, 2007.

24. Ling JQ and Hoffman AR. Epigenetics of long-range chromatin interactions. Pediatr Res 61: 11R-16R, 2007

25. Attallah H, Friedlander AL, Nino-Murcia M, and Hoffman AR. Effects of growth hormone and pioglitazone in viscerally obese adults with impaired glucose tolerance: A factorial clinical trial. PLoS Clin Trials 2(5): e21, 2007.

26. Beck BR, Matheson GO, Bergman G, Norling T, Fredericson M, Hoffman AR, and Marcus R. Do capacitively coupled electric fields accelerate tibial stress fracture healing? A randomized control trial. Am J Sports Med 36: 545-553, 2008.

27. Hartman ML, Weltman A, Zagar A, Qualy RL, HoffmanAR, and Merriam GR. Growth hormone replacement therapy in adults with growth hormone deficiency

improves maximal oxygen consumption independently of dosing regimen or physical activity. J Clin Endocrinol Metab 93: 125-130, 2008.

28. Bolar K, HoffmanAR, Maneatis T, and Lippe B. Long-term safety of recombinant human growth hormone in Turner syndrome. J Clin Endocrinol Metab 93: 344-351, 2008.

29. Liu H, Bravata DM, Olkin I, Friedlander A, Liu V, Roberts B, Bendavid E, Saynina O, Salpeter SR, Garber AM, and Hoffman AR. Systematic review: The effects of growth hormone on athletic performance. Ann Intern Med 148: 747-758, 2008.

30. Qui XW, Vu TH, Lu QC, Ling JQ, Li T, Hou A, Wang SK, Chen HL, Hu JF, and Hoffman AR. A complex deoxyribonucleic acid looping configuration associated with the silencing of the maternal Igf2 allele. Mol Endocrinol 22: 1476-88, 2008.

31. Li T, Hu JF, Qui XW, Ling JQ, Chen H, Wang S, Hou A, Vu TH and Hoffman AR. CTCF regulates allelic expression of Igf2 by orchestrating a promoter-polycomb repressive complex-2 intrachromosomal loop. Mol Cell Biol 22: 6473-82, 2008.

32. Giustina A, Barkan A, Chanson P, Grossman A, Hoffman A, Ghigo E, Casanueva F, Colao A, Lamberts S, Sheppard M and Melmed S. Guidelines for the treatment of growth hormone excess and growth hormone deficiency in adults. J Endocrinol Invest 31: 820-38, 2008.

33. Zhang H, Wang H, Zhang J, Qian G, Niu B, Fan X, Lu J, Hoffman AR, Hu JF, and Ge S. Enhanced therapeutic efficacy by simultaneously targeting two genetic defects in tumors. Mol Ther (in press).

C. Research Support

Ongoing Research Support

NF050184 Hoffman (PI)   10/01/06-09/30/10

Department of Defense

Interchromosomal Associations That Alter NF1 Gene Expression Can Modify

Clinical Manifestations of Neurofibromatosis 1

The goal of this grant is to study the long-range intra- and interchromosomal associations between the NF1 gene and other genes which might modify the disease activity of Neurofibromatosis 1.

Role on Project: PI

R01 DK036054 Hoffman (PI)   04/01/04-03/31/09 (no cost extension)
NIH/NIDDK
Mechanisms of Genomic Imprinting

The goal of this grant is to study the mechanisms underlying the phenomenon of genomic imprinting, a form of non-Mendelian inheritance in which only one of the two parental alleles is expressed. The roles of antisense transcripts, DNA methylation and histone acetylation are examined.

Role on Project: PI

U01 AR045583 Stefanick (PI)   09/30/99-07/31/12
NIH/NIAMS
Osteoporotic Fractures in Men (MrOs)

The goal of this grant is to learn the natural history of osteoporosis in elderly men.

Role on Project: Co-PI

R01 HL070841 Stefanick (PI)   09/01/03-06/30/08 (no cost extension)
NIH/NHLBI
Outcomes of Sleep Disorders in Older Men

The goal of this project is to describe the sleep architecture in elderly men.

Role on Project: Co-PI

R01 HD047013 Cohen (PI)   04/01/04-03/31/09

NIH/NICHD

The Role of IGF2 in Fetal Growth Restriction

The goal of this project is to study the role of IGF2 in fetal and placental growth in the mouse.

Role on Project: Co-PI

R21 DK077311 Rabkin (PI)   07/01/07-06/30/09

NIH/NIDDK

Testosterone Replacement Therapy in Advanced Chronic Kidney Disease

The goal of this grant is to study the effect of testosterone replacement therapy in patients with advanced kidney disease before dialysis.

Role on Project: Co-PI

Cooperative Studies Project #499 Hoffman (PI)   09/01/03-08/31/13

Department of Veterans Affairs

Selenium and Vitamin E in Prostate Cancer (SELECT)

The goal of this grant is to learn if selenium and Vit. E can protect against the development of prostate cancer.

Role on Project: Site PI

Merit Review/Rehabilitation, Research and Development Hoffman (PI)

                                                           09/01/07-08/31/10

Department of Veterans Affairs

Hypopituitarism from Traumatic Brain Injury Inhibits Rehabilitation

The goal of this project is to study neuroendocrine function veterans who have suffered traumatic brain injury.

Role on Project: PI

Merit Review/Medical Hoffman (PI)   04/01/08-03/31/12

Department of Veterans Affairs

Epigenetic Reprogramming of Human Tumor Cells

In this project, we plan to utilize epigenetic reprogramming to test the prevailing theory that loss of imprinting leads to pathologic neoplastic growth.

Recently Completed Research Support

March of Dimes Hoffman (PI)   06/01/04-05/31/07

Epigenetic Complications of In Vitro Fertilization

The goal of this project is to study how in vitro fertilization affects the epigenetics of embryos.

Role on Project: PI

模板2

Jane Diego

Street, City, State, Zip

Phone: 555-555-5555

Cell: 555-666-6666

email@email.com

An experienced Physician now specializing in wellness programs, care and counseling. Extensive knowledge relative to addictions, personality disorders, psychosis and stress in groups of all ages. In addition, I have considerable expertise in training, public program development and implementation. I am a published author, and have written extensively on the subject of mental health and associated matter. I have excellent communication and cross-cultural skills, speaking four languages fluently.

PROFESSIONAL and TEACHING ACTIVITIES

Site Manager October 2004-Present

Treatment (group and individual). Special Female - COPSD

CCP- Star Council on Drug Abuse - Mineral Wells - Texas.

Training Specialist November 2002- October 2004

Instruct new employee orientation and refresher classes. Define training curriculum. Course preparation and presentations.

MHMRTC - Fort Worth-Texas-USA

CEO. (Phoenix Project) 1990-2000.

Casa de Saude Santana (Psychiatric Hospital). Sao Paulo- SP Brazil.

Teacher / Coordinator. 1992-2000.

Preparation course to help Health and Educational professionals deal with drug addiction.

Paulista Medical Association. Sao Paulo, Brazil.

Consultant Physician. (Private Practice) 1982-2000.

Teacher. 1998-2000.

Post Doctoral course. (Traffic Medicine)

Legal and Forensic Medicine Department, University of San Paulo.

Attending Physician. 1995-2000.

Public Clinic, Sao Paulo, Brazil.

Committee President. 1993-1999.

(Prevention, Research and Treatment of Drug Addiction)

Paulista Medical Association. Sao Paulo- SP. Brazil.

Assistant Professor. Dept. of Neurology and Psychiatry

Clinical Hospital of Taubate Medical School. Sao Paulo, Brazil.

Professor. (Neurophysiology). 1986-1990.

Brazilian Institute of Gastroenterology (IBPG). Sao Paulo, Brazil.

Clinical Director. 1986-1994.

Clinica de Repouso Parque Julieta. (Psychiatric Hospital)

Professor. (Neurophysiology). 1988-1992.

Paulista Institute of Psychology. (Faculdade Paulista de Psicologia). Sao Paulo, Brazil.

Consultant. (Ethical Marketing - Psychiatric medicine) 1982-1988.

Jansen Pharmaceutical (Johnson & Johnson Ltd.). Sao Paulo, Brazil.

Hospital Administrator. 1980-1986.

Casa de Saude Santana. (Psychiatric Hospital). Sao Paulo, Brazil.

Director of Neuropsychiatry and EEG. Dept. of APAE.

(Institute of Down syndrome Children) Cacapava. Sao Paulo, Brazil.

MEDICAL DEGREE

19th December 1976.

School of Medicine (Faculdade de Medicina de Taubate - Taubate - Sao Paulo - Brazil) (Mar. 1971 - Dec. 1976)

GRADUATE TRAINING

Internship (Feb. 1974 - Dec. 1976)

Public Health (Brigadeiro and Heliopolis Hospitals).

Residency: Neurology. (Jan. 1977 - Dec. 1978)

(Hospital de Clinicas of Taubate Medical School).

Fellowship: Neurology and Neurophysiology. (Dec. 1977 - Sep. 1978)

(J. Hillis Miller Health Center - UN of Fl - Gainesville, Fla, USA)

Fellowship: Biological Psychiatry. (Oct. 1978 - Dec. 1979)

(Duke Medical and Epilepsy Center - Duke University, Durham, NC - USA)

Master Degree: Hospital Administration. (Jan. 1981 - Dec. 1982)

(UNAERP - Federal University of Ribeirao Preto - Sao Paulo - Brazil)

Specialty: Electroencephalography. (Aug. 1984)

(Conselho federal de Medicina - Federal Council of Medicine)

Specialty: Psychiatry. (Aug. 1984)

(Conselho federal de Medicina - Federal Council of Medicine). Brazil.

PUBLISHED BOOKS AND PAPERS (19 works incl.)

Prevention of Drug Abuse - Streparava, P.D., Marcondes - Rocha, V. G. - 1993.

APA (Paulista Medical Association Publisher) Sao Paulo - Brazil

Medicine for the Family - Streparava, P.D and Co - 1995.

APA (Paulista Medical Association Publisher) Sao Paulo - Brazil

Acorda que a Corda e Bamba - Streparava, P.D., Leiva J. R., Leiva S.

E de Ler Publisher - Sao Paulo - Brazil

A manual for families dealing with drug addiction - Streparava, P.D. - 1998.

Project Phoenix Publisher - Sao Paulo- Brazil

AFFILIATED ASSOCIATIONS

· Brazilian Psychiatry Association. *(Sociedade Brasileira de Psiquiatria)*

· Brazilian Psychosomatic Association. *(Sociedade Brasileira de Medicina Psicossomatica)*

· Paulista Medical Association. *(Associacao Paulista de Medicina)*

· Brazilian Medical Association. *(Associacao Medica Brasileira)*

· Rainbow International Association.

· International Association of Medical Women.

LANGUAGES SPOKEN- Fluent

· Italian - Portuguese - Spanish - English

2.1.2 个人陈述（**Personal Statement，PS**）或申请说明（**Cover Letter**）

这个部分主要就是说明你的情况，以及你给导师发送其他材料的目的，并且让国外导师看过之后还想继续看你提供的其他材料。一般而言，申请说明是

十分必要的，外方导师从来不会看没有申请说明的个人简历。但申请说明不是对个人简历的简单复述，而是礼貌而鲜明地突出自己的目标和要求，促使外方导师或国际学生招生负责人有兴趣阅读你的个人简历和推荐信。

为了提高成功率，需要在申请说明里突出你的诚意以及专业精神，以给外方导师留下深刻印象。可在这个部分适当强调一下你在外国的费用由国家留学基金管理委员会资助，你入学后可以参与外方的项目等。申请说明不一定保证你得到录取通知书，但是写好申请说明能给你带来面试的机会，或者至少能打动外方导师阅读你的个人简历，提高成功的概率。

这个部分目的很明确，虽然具体内容因人而异。请注意，申请说明应力求精简，除非有特殊情况，应在一页以内完成。

下面将简要介绍一封完整申请说明信的写法。在此之前，有两点格式方面的注意事项提醒一下大家：一是英文写作现在流行全部左对齐，段落之间用空行隔开；二是旧式正规书信的发信人资料置于右上角。

> Your Address（应用由小到大规则）
> Your Phone Numbers
> Your Email Address（这一部分如果空间不够的话，可以考虑右式和应用文本框）
> （空一行）
> Date of Writing（可采用日月年格式，如2 April 2004，中间无须逗号隔开，月份不要用简写）
> （空一行）
> Name of Professor
> Title
> Department
> Company
> Address
> （空一行）
> Dear Prof. ... /Dear Sir or Madam

（空一行）

1st paragraph （第一段）

Explain why you are writing this mail or email; identify the study application and your source of information. Indicate in summary your strongest qualifications for the position using a series of phrases.

(For example, I wish to apply for the position of ... as advertised in... my... is my strongest...)

（空一行）

2nd paragraph （第二段）

Outline your strongest qualifications in more detail and show how they match the position requirements. As much as possible, provide evidence of your related work, extracurricular, and academic experiences and accomplishments. Refer to your enclosed resume. （可套用"项目符号"的形式）

(For example, I am enclosing the completed application form, my personal fact sheet, etc. .../ As detailed in the attached resume and reference.../ I am currently employed at .../ I am finishing school or university on...)

（空一行）

3rd paragraph （第三段）

Optional. Convince the employer that you have the personal qualities and motivation to succeed. Relate your interests and qualities to your knowledge of the company.

（空一行）

4th paragraph （第四段）

Request an interview and indicate how and when you can be contacted. Suggest that you will call at a specific time to discuss interview possibilities. Thank the reader for his/her consideration.

(For example, I would appreciate the opportunity to discuss the program further at an interview.

（空一行）

I look forward to hearing from you. Thank you for your consideration.

（空一到三行）

Yours sincerely

Or

Yours faithfully

Handwriting Signature

（手写签名。排版时预留三到四行空行）

Your full name,（打印）

Encl.

提醒大家，申请说明信不能照抄模板。如果大家都照模板抄，那么每个人的申请说明都会变成一样的了，不可能给教授留下深刻印象。关键就是要根据自己的情况，真诚地向教授展示出自己的真实情况。

2.1.3 推荐信（Peference Letter）

为了确认你申请的真实性和权威性，或者如果你是联合培养，为了确定你目前的导师支持你申请这个项目，有些外方导师会要求目前的导师或学校老师给你出具推荐信。当然情况因人而异，也有些外方导师不会要求你出具推荐信。这一点可以从导师的主页确认，或者在联系的时候看导师是否提出。当然笔者认为如果在申请的时候能够出具推荐信，对申请还是大有帮助的。至于推荐信要几封还是得看导师的要求。推荐信的有无以及好坏取决于你平时的表现和社交能力，因为老师和学校不可能为每一个学生或员工都写推荐信，也不可能都写得那么好。推荐找自己的国内导师或者院系里面的专家（自己曾经的任课老师或者接触过的其他课题组的教授）索要一份即可。如果找的推荐人是自己专业领域的知名专家则更好，因为同一领域的专家间都会有些了解或者耳闻。比如笔者就比较幸运，当我把自己申请的国外导师名字告诉国内导师时，他就特别了解国外导师的情况，主动给我介绍起这位教授来，称赞起对方的学术成就。教授对你比较了解且有时间的话一般会亲自为你写一封推荐信，但若是导师忙到没有时间，可能会要求你自己先拟写一份草稿，然后导师再酌情进行修改。注意千万不要作假，凭空捏造。最终推荐信以院校正式信函（带信头）给出最佳。以下试举两例：

例1

Dear Sir/Madam,

It is my great pleasure to recommend Miss **** as a worthy candidate for admission to your PhD program and application for related financial aid.

I began to know Miss **** about two years ago on my Modern Casting class. During that semester, nearly thirty students took the course, but only after a few classes I began to pay special attention to her, because every class she took the front seat in the classroom and listened to me carefully. Each time I saw her eyes I could feel what a teacher desires most from a student: enthusiasm, concentration and positive communication. This enabled her to perform better than most of her fellow students and could put forward ingenious and well-thought ideas in free discussions. Also, of course, she was the top student in my class.

Furthermore, I would like to particularly point out what impressed me deeply about Miss ****. She has such a good sense of sincerity and responsibility that she helped me clean up the blackboard in almost every class break. It was easy to do others a favor for one time, but it was very difficult to maintain doing it time and time again. Afterwards, I have asked other teachers about this kind of thing and found the same case in other classes, which moved me strongly.

Through further contact with her, I find Miss **** takes an active attitude towards her major, and she has the habit of doing things carefully, which can be seen just from the schoolwork she presented in every class. Moreover, she also loves her life very much, and is often full of energy and vigor. Almost every person who has communicated with her can feel her zealousness.

Therefore, I would like to support Miss **** and strongly recommend her to your department for the reason that I believe if admitted, she will also excel herself in your program and make her contributions to your university.

Sincerely,

Professor of **** University

例2

To Whom It May Concern:

I am proud to recommend a beloved student, Jack Chen, for your fellowship program. I was asked to write as one who has functioned in the capacity of an employer of Jack, but I would first like to say a few words about him as a student.

Jack is a highly intelligent, perceptive young man. He came to our institution committed to capitalizing on the opportunity of a third year of study in Israel, and he left with the satisfaction of having accomplished that goal. Jack grew in learning, in character, in depth of understanding. He seeks truth in each and every area of his life, whether in learning, discussing philosophy, or relating to his fellow students and his teachers. Because of his positive disposition, his reflective way of operating, and all of the character traits that make him so special, his questions never go unanswered, and his searches always bring him to exciting new discoveries. As a student, Jack is outstanding. As an educator, I have watched him grow, seen his talents and abilities not only in the classroom but outside its walls, when interacting with all types of people, as well.

During his time at our institution, Jack, who as I'm sure you know is an excellent writer and publicist, also has done a good deal of work for the yeshiva. This has included the text for many public relations brochures and packets, letters to parents, potential donors, and alumni, and essentially any correspondence which I have requested that he compose. The feedback is always overwhelmingly positive, and he has done so much in that way for our yeshiva. Even today, while he studies elsewhere, he continues to do a great deal of this work for our institution, in addition to the recruiting and other services he performs for the yeshiva.

Always, in his work, Jack is consistent, dedicated and passionate, enthusiastic, cheerful, and a pleasure to work with. He has incredible creative energies and a refreshing idealism tempered only enough to accomplish what needs to be done. I highly recommend him for any position of work, leadership, education, or any other capacity in which he can spread his excitement and share his talents with others. At our institution, we are expecting big things from Jack in the way of educational and communal leadership in the years to come. And knowing Jack, he will not disappoint, and probably will exceed our expectations.

Thank you once again for the opportunity to recommend such a special and impressive young man.

Sincerely Yours,

Steven Bob

Dean, **** Institution

2.1.4 已发表论文

如果你有已经发表的论文作为准备的材料，可选2～3篇代表作。如果导师的研究方向和你一样，那么对方就可以从你的论文中详尽地了解你的工作。笔者在申请的时候就附上了四篇论文，其中有一篇是在中文期刊上发表的，由于觉得自己的论文思想新颖，就将其翻译为英文版一同发送。

2.1.5 未成文的论文

如果你有一些新颖的想法，或者是正在进行的项目还没有形成文章，可以大致列出自己的想法，或为研究工作拟定提纲，并将预计研究成果以及相关意义写下来。这些都可以作为你申请的材料。

笔者申请时有一项正在进行的研究，自己在研究过程中又有了一个新的想法，因此就据此写下两篇未发表论文大纲。笔者还在个人陈述中强调这两个新的方向可以作为自己到外方实验室之后的工作之一。

2.1.6 初步研修计划

研修计划（Research Proposal）是纯学术的客观论述，无须加入个人经历、感想等因素。它要求申请者要有一个明确的研修方案并对此有较好的掌握。这个计划必须是非常具体的，不能太宽泛。当然，研修计划可以写得简略一些，毕竟这只是你现在一厢情愿的想法，可以体现你个人的大体方向，主要目的是为了国家留学基金管理委员会的审查和签证。而当你真正公派出国之后，国外的导师还是很有可能给你安排其他工作的。

申请联合培养的同学如果出国后还是从事与国内同一方向的研究，若原本在该领域有一定的研究成果，研修计划就不妨写你研究方向的延伸，这样你会比较得心应手。而那些想换课题的申请联合培养的同学，则可以大概写下自己感兴趣的研究方向，拟采取的研究方法、研究思路，以及关于未来的计划等。

一般来说，一份好的研修计划应该包含如下六个部分：

第一部分，研究背景（Background）。本部分介绍外方导师的研究工作进展和已经取得的学术成果，以及自己的专业背景和已经取得的学术成果。要确定研究计划的主题，一方面可以多看一些本专业的综述，找到一些有类似项目但是还没有人做过的东西；另一方面也可以找自己专业的导师、师兄或师姐指导自己。比如你要研究生物新能源，那么你就要描述一下现在世界上的能源现状，哪些生物资源已经开发利用。这样一方面让人了解一下现状，另一方面也阐述清楚你为什么要来研究这个方向。

第二部分，研究前景。本部分介绍研究课题的具体方法、研究的对象，以及研究的意义、重要性等。题目不宜太大，范围越明确越好；研究论证方法是写作的重点，要详细具体。研究方法论述就是讲清楚是用何种方法来实现你的设想，达到你所预期的结果，包括实验步骤、所需时间，以及实验结果的分析方法等。比如主题是生物新能源，你就要写出你是利用何种生物，以什么方法来提取这种资源，以及最后产能的效率要如何测量和评估等。

第三部分，时间安排。本部分说明留学的第一年、第二年都会进行哪些具体的研究工作，预期会取得什么结果等。根据你想申请的或者你比较熟悉的研究方向来提出一个设想，然后再把相关的背景、你设想的研究方法，以及你所预期的研究结果都写进去。预期的研究结果反映你设计的研究的意义和价值。仍然以生物能源为例，你提出一个设想，最终能否论证达到预期目标——新的能源一方面产能效率高，另一方面又经济环保，因此开发新能源具有现实意义和广阔前景。

第四部分，未来规划。这一部分一般表明自己会在结束留学之后，继续这一方面的研究。

第五部分，研究结果（Results）。这一部分会说明自己的研究可以发表优质论文，或是能够申请相关专利，或者有很大应用价值，还会对国家留学基金管理委员会的资助在论文中表示感谢等。具体内容可以根据需要酌情增减。

第六部分，参考文献（References）。具体要求每个大学略有不同，但基本上是依照综述文章的格式，在文章的最后把你从确定题目到查阅背景到制定

研究方案所参考过的所有资料都列出来。大家可以回顾自己的综述写作和研究生的开题报告，在此不再赘述。写好后要反复修改，最好能找位外国专家（尤其是同专业的）提点建议。

研修计划的模板表格参见附件四。下文附上香港大学（HKU）为工学院的申请人提供的申请研修计划模板，供大家参考。

Applicant's Name:

Proposed Topic/Title of Research:

Background:

(Please provide background material that explains the motivation for and aims and objectives of your proposed study, outline the theoretical framework that forms the basis of your research, and specify the research question(s) you intend to investigate.)

Methodology:

(Please give details of subjects, data collection procedures, proposed data analysis and the statistical approach you intend to adopt, if applicable.)

Outcomes and Value:

(Please indicate the expected outcomes of your research and the significance to the various fields of application or contexts, the anticipated impacts or value of the results and their interpretation.)

References:

当然，研修计划里面的内容并不一定真的能够实现，而只是你基于现有知识提出的一个研究方案。研修计划的作用是向你所申请的外方导师及其学校展示你已具备作为研究者应有的创新能力以及解决问题的能力。

2.2 联系导师

准备好以上材料之后就可以和国外导师联系了，而如何寻找国外导师是个很关键的问题。最佳策略是找国内的导师或者其他老师推荐，有熟人推荐，成功率很高。另一种较好的常用策略是平时查看论文的时候留意你感兴趣的专业文章的作者，然后主动与对方联系。因为彼此的研究方向十分接近，只要你有一定的成果，成功的概率也非常高。但是需要提醒的是一定要查阅作者最新的文献，因为国外学者的流动性较强，要特别留意对方的单位、邮件和联系方式。相对最次的策略就是到所申请学校的网页上一个一个查看导师的介绍，然后选择和你研究方向相关的导师。由于关于导师的介绍不是实时更新的，也许那个导师现在已经换了研究方向，而你也没看过对方的论文，申请时就容易出现问题。当然还有一种方法就是申请教育部国家留学基金管理委员会现有与国外教育/科研机构的合作项目派出。这样的好处是基本上不用解释国家留学基金管理委员会这个项目，你一说对方就知道基本情况，只要你的研究方向对他们的路，或者说你的研究背景他们感兴趣，一般会主动帮你分配导师。

总之，不管情况如何，你都可以自己选定几个导师，同时发送申请。有的老海归推荐一起申请10个左右导师，笔者认为有点过多，可以优先申请三四个，如果对方没有反应或者反应不好再继续申请备用导师。若是最后好几个导师都接受你，你反而要拒绝一些导师，而且有可能断了其他求学者的路。听说也有些人进行海投，一天投个上百封邮件，估计投下来连投了什么都不知道，其效果可想而知。与其如此，还不如踏踏实实选几个导师，认真研究其科研方向，写出切实的研究计划，再有针对性地进行申请。

你可以通过邮件跟导师取得联系，将上一节提到的材料一一列入邮件，说明你参加的具体项目、对对方实验室以及项目的理解、国外导师是你所研究领域的权威等，讲明自己的项目是得到国家奖学金的资金支持的，最后礼貌地询问对方是否对你感兴趣。

邮件发送出去之后就开始等待，由于一开始大家申请的肯定都是名校，或是知名学者，对方必然工作繁忙，可以适当多等待一段时间。如果一个星期之后还没有收到回复，则可以发送邮件再次询问。如果还没有回复就不要再发邮

件了。可以考虑申请其他导师。

如果对方回复了你的邮件，则可以继续跟对方交流。如果沟通后对方导师认可了你，则可以催促对方发送邀请函。根据国家留学基金管理委员会的相关要求，你一定要提醒对方在邀请函中注明以下两点：①你的外语水平能够达到对方院校的要求；②对方同意免收学费和其他费用。

由于很多同学可能同时申请多个学校，导师回复的速度有快有慢，当你选定自己最终想去的学校以后，对其他导师也应该给予明确回复，说明情况。切记要诚实，学术圈还是相对很小的，每个研究领域的知名学者也就那么几位，不要给自己的未来设置障碍。

向外方导师联络的邮件详见申请经验篇，千万不要以为努力就一定会成功。在联系导师的过程中充满了各种不确定性，就算不断碰钉子，不断遭遇失败，也不要气馁，要学会从失败中锻炼自己。

相信你的付出会有回报，预祝各位读者申请顺利，有的放矢地发出你的联系导师申请函，静候外导的邀请函和签字后的研修计划吧！

2.3　如何写邀请信及正式研究计划

拿到邀请信是申请联合培养成功的标志，当外方导师表示有意愿接收你的时候，就最好趁热打铁，请他为你写一封邀请信。国家留学基金管理委员会对邀请信有专门的要求，一定要注意符合相关的规定。听说甚至有些同学因为邀请信不合规定，眼看要到手的出国机会就流失了，也白白浪费了自己大量的申请时间。因此，大家务必向国外导师表述清楚邀请信的格式要求，争取一次性拿到一份合格的邀请函。有时间的国外导师会自己按要求帮你写好邀请信，而若是国外导师太忙则可能会让你自己先写草稿，然后他再修改。笔者当时的邀请信就是自己先草拟，然后发过去给国外导师修改的。

2.3.1 正式邀请信或入学通知的要求

正式邀请信或入学通知的要求如下：

（1）邀请信复印件/入学通知复印件应使用拟留学院校（单位）专用信纸打印，并由主管部门负责人/导师签字。

攻读博士学位研究生申请人，如因拟留学院校（单位）行政审批手续规定限制，在申请截止时间前无法出具正式入学通知，则须出具使用拟留学院校（单位）专用信纸打印并由对方主管部门负责人/导师签字的明确意向入学通知。

（2）攻读博士学位研究生申请人提交的入学通知，应为无条件入学通知（Unconditional Offer），但不包括如下条件：

①入学通知在申请人取得国家留学基金资助后方可生效；

②入学通知在申请人提供本科毕业/硕士毕业证书后方可生效；

③入学通知明确申请人在拟留学院校/单位须完成硕士课程后可继续攻读博士学位（申请硕博连读申请人）。

（3）邀请信/入学通知中应包含以下内容：

①申请人基本信息：申请人姓名、出生日期、国内院校等。

②留学身份：攻读博士学位研究生或联合培养博士生。

③留学时间：应明确起止年月。

④国外指导教师信息。

⑤留学专业或受邀人拟在国外从事主要学习/研究工作。

⑥所需费用及数额：例如，须交纳的学费、注册费等有关费用名称和数额。（联合培养博士生一般无费用）

相关的英文说明：

a. Use special letter paper of host institution.

b. Contain basic information of applicant, such as name, birth date and domestic institution.

c. Indicate the station of applicant in host institution. Applicant could

apply for J-1 with the station. (I am visiting scholar?)

d. Indicate duration of study abroad.

e. Indicate study topic and host supervisor of applicant.

f. Indicate tuition of study (Exchanging student should be free of tuition).

g. Indicate intellectual rights of applicant's work. (For the convention of my school, the intellectual rights should be shared by domestic institution and host institution. The applicant should be the first author of his/her work, the domestic institution should be the first unit and host supervisor should be corresponding author.)

h. Indicate English level of applicant meeting demands of PhD study.

i. Corresponding address and signature of the host supervisor.

2.3.2 正式研修计划的要求及模版

正式研修计划一般是在跟外导商量好最后的研究方向后再详细完成。国家留学基金管理委员会对研修计划有专门要求，大家可以根据要求列成表格，然后写好研修计划后发给国外导师签字，跟邀请函一同寄过来。

联合培养博士研究生申请时应提交英文联合培养计划（1000字以上），并由中外双方导师签字。联合培养计划如为英语以外语种书写，需另提供经国内推选单位审核的中文翻译件（需加盖审核部门公章）。

攻读博士学位研究生申请人应提交英文学习计划（1000字以上），并由外方导师签字。如申请攻读博士学位研究生人选拟在国外进行硕博连读，暂时无法确定导师，则无须外方导师签字。学习计划如为英语以外语种书写，需另行提供经国内推选单位审核的中文翻译件（需加盖审核部门公章）。

联合培养计划/学习计划应包括以下主要内容：

①博士研究课题名称；

②科研课题背景介绍；

③申请人国内科研准备工作概述；

④出国学习预期目标；

⑤科研方法；

⑥科研工作时间安排；

⑦回国后续工作介绍。

研修计划内容齐全即可，大家一般都以表格的形式列出。附录四是笔者自己制作的表格，仅供参考。

2.4　向学校提交材料进行初审

收到外方导师提供的邀请函和研修计划之后就可以开始向国内学校提出正式申请。每个学校各有规定，读者可以参考本书第三章各个学校同学所写的申请经验分享。一般是项目申请人向项目办公室出具录取信/免学费证明或邀请函/联合培养计划的原件，并提交复印件，如果是用英语以外的语言写的邀请信/联合培养计划还要求出具中文翻译件，有些学校还要求出具外语水平证明。关于外语水平考试，近年来有要求越来越严的趋势。建议有时间的同学应该先参加托福考试，准备托福的过程其实也是准备美国生活用语的过程。如果托福报不上名，可以考虑参加外语水平考试（WSK），也就是PET-5。

2.5　通过学校初评后在国家留学基金管理委员会网站报名

在学校内部评审通过后，要求申请人在国家留学基金管理委员会网站进行报名，还要根据要求提供相关材料，办理必要手续。虽然每个学校步骤和手续不大一样，但是有些相同的要求可以参考，以下是2010年国家留学基金管理委员会要求提交的材料：

1. 《国家留学基金管理委员会出国留学申请表》（学生类）

申请人需先登录网上报名系统，并按要求如实填写网上申请表；在填写完申请表并确认无误后，可按系统提示完成网上提交并打印。申请表中的有关栏目应视实际情况和项目要求进行填写，如无相关情况可不填（如工作经历）。申请人提交的书面申请表应与网上报名信息内容一致。网上申请表正式提交后不能再修做信息修改（如留学期限、留学国别等）。申请人需在每份申请材料"申请人保证"栏中签名。

2. 《单位推荐意见表》

《单位推荐意见表》在申请人打印申请表时由网上报名系统自动生成（申请人在网上报名阶段此表不在报名系统中显示）。推荐意见应由申请人所在部门（院、系、所等）针对每位申请人填写。上级批准意见由所在单位负责选拔工作的主管部门在认真核对申请人所填信息后填写，应加盖推荐单位公章。

3. 身份证复印件

请申请人将身份证正反面（个人信息、证件有效期和发证机关）同时复印在同一张A4纸上。

4. 学籍证明

申请人的学籍证明应由申请人所在单位学籍管理部门出具，说明申请人目前的学籍情况，内容包括：被推荐人姓名，性别，出生日期，所在院系，是否进入博士学习阶段，进入博士阶段学习的时间和目前所在年级。学籍证明应使用带有推选单位抬头的信函纸打印并加盖主管部门公章。

5. 延迟答辩、毕业证明

该项申请材料只适用于联合培养博士研究生申请人。如其无法在既定毕业时间内完成所申请的留学计划，则需要推选单位的研究生院/部出具同意申请人推迟答辩、毕业的书面证明，内容包括：被推荐人姓名，性别，出生日期，所在院系，目前在学年级，原定毕业时间，申请出国留学时间，推选单位关于同意其推迟答辩、毕业的意见。推迟答辩、毕业证明应使用带有推选单位抬头的信函纸打印并加盖主管部门公章。

6. 正式邀请信复印件或入学通知复印件

（1）申请人应提交正式邀请信复印件/入学通知复印件。邀请信复印件/入学通知复印件应使用拟留学院校（单位）专用信纸打印，并由主管部门负责人/导师签字。

攻读博士学位研究生申请人，如因申请留学院校（单位）行政审批手续规定限制，在申请截止时间前无法出具正式入学通知，则须出具使用拟留学院校（单位）专用信纸打印并由对方主管部门负责人/导师签字的明确意向入学通知。

（2）攻读博士学位研究生申请人提交的入学通知，应为无条件入学通知（unconditional offer），但不包括如下条件：

a. 入学通知在申请人取得国家留学基金资助后方可生效；

b. 入学通知在申请人提供本科毕业/硕士毕业证书后方可生效；

c. 入学通知明确申请人在拟留学院校/单位须完成硕士课程后可继续攻读博士学位（申请硕博连读申请人）。

（3）邀请信/入学通知中应包含以下内容：

a. 申请人基本信息：申请人姓名、出生日期、国内院校等。

b. 留学身份：攻读博士学位研究生或联合培养博士生。

c. 留学时间：应明确起止年月。

d. 国外指导教师。

e. 留学专业或受邀人拟在国外从事主要学习/研究工作。

f. 所需费用及数额：例如，须交纳的学费、注册费等有关费用名称和数额。

g. 联合培养博士生申请人可在邀请信中注明被邀请人外语水平符合接受方要求，否则应单独出具外方认可申请人外语水平的证明（同材料第11项）。

h. 外方负责人签字与联系方式。

（4）如邀请信复印件/入学通知复印件为英语以外语种书写，需另提供中文翻译件。翻译件应由国内推选单位加盖审核部门公章。

（5）如申请部分留学基金委与国外高校/机构设立的研究生奖学金项目，根据项目要求可能对邀请信/入学通知有特殊要求，则根据具体项目简章的规定执行。

7. 收取学费明细表、免学费或获得学费资助证明复印件或有关学习费用证明复印件

如在提交的邀请信复印件/入学通知复印件中未注明留学所需费用及来源，申请人须另行提交收取学费明细表复印件、免学费或获得学费资助证明复印件或有关学习费用证明复印件，如：

a. 国外拟留学院校（单位）不收取学费/其他费用（如注册费等）的证明。

b. 国外拟留学院校（单位）出具的需要收取学费/其他费用的明细表复印件和同意提供学费/其他费用的奖学金证明复印件。所提供学费/其他费用的奖学金应可支付明细表中注明需支付学费/其他费用的总和。

c. 国外拟留学院校（单位）出具的需要收取学费/其他费用明细表复印件和同意提供Research Assistant或Teaching Assistant职位，且工资总计足以支付学费/其他费用（如注册费等）的证明。

所有奖学金证明应使用拟留学院校（单位）专用信纸打印，并有主管部门负责人签字，不接受电子邮件或无签字的奖学金证明。

8. 联合培养计划或学习计划（外文）

联合培养博士研究生申请时应提交英文联合培养计划（1000字以上），并由中外双方导师签字。联合培养计划如为英语以外语种书写，需另提供经国内推选单位审核的中文翻译件（需加盖审核部门公章）。

攻读博士学位研究生申请人应提交英文学习计划（1000字以上），并由外方导师签字。如申请攻读博士学位研究生人选拟在国外进行硕博连读，暂时无法确定导师，则无须外方导师签字。学习计划如为英语以外语种书写，需另行提供经国内推选单位审核的中文翻译件（需加盖审核部门公章）。

联合培养计划/学习计划应包括以下主要内容：

a. 博士研究课题名称；

b. 科研课题背景介绍；

c. 申请人国内科研准备工作概述；

d. 出国学习预期目标；

e. 科研方法；

f. 科研工作时间安排；

g. 回国后续工作介绍。

9. 成绩单复印件

提供成绩单应包括本科、硕士（如有）、博士（如有）学习阶段，直至最近一学期的成绩。成绩单应由推选单位教务处、研究生院或有关学生管理部门开具。

10. 最高学历/学位证书复印件

应届本科毕业生无须提供。硕博连读生、直博生申请人应提供大学本科学历、学位证书复印件。

11. 获奖证书复印件

申请人仅需提供最近五年内获奖级别最高的证书复印件，最多不超过三个。

12. 外语水平证明复印件

攻读博士学位研究生申请人应提交符合申请留学院校（单位）入学要求的有效外语考试成绩单复印件，如IELTS、TOFEL成绩单。

联合培养博士研究生申请人应提交申请留学院校（单位）出具的、可证明其外语水平达到其要求的证明。外语水平证明应使用拟留学院校（单位）专用信纸打印，并有主管部门负责人/导师签字，不接受电子邮件或无签字的外语水平证明。如外语水平合格证明要求的相关内容已在邀请信中注明，则无须再另附外语水平证明。

提交材料给国家留学基金管理委员会后你只有耐心等待。此时，可以给外方导师发送一封邮件，表示你的所有材料已经提交，正在等待批准。正好可以利用这个机会进一步了解一下外方导师的实验室和目前正在研究的项目，最好询问一下对方是否需要你在此期间准备什么。

这个等待时间是比较漫长的，可以继续做研究，练练口语，看看签证相关的资讯。

2.6　通过申请

最后，国家留学基金管理委员会会通过网站公布所有通过人员的名单，你可以先睹为快，此后几天学校才会收到委员会的正式通知以及相关录取材料。学校应该会电话通知你去领取，注意保持联络电话通话畅通。

录取材料包括：

·国家留学基金管理委员会录取通知书，红头（中文1张）

- 国家留学基金管理委员会资助证明，蓝头（英文2张）
- 协议（6本）
- 留学人员须知（1本）
- 提取保证金表格（1份）

然后就去准备签证吧。GOOD LUCK!

2.7 个人申请经验集锦

申请者（网名）	那小子真帅	公派类型	攻读博士
国内学校	电子科技大学	申请学校	南伊利诺伊卡本代尔大学
时间	48个月	专业	计算机信息安全——分布式系统

我是在研究生一年级的时候申请到美国读博的，和联合培养的申请过程可能不一样。

1. 做好心理准备

出国不是一件很简单的事情，要经历一个很烦琐的过程，每年的申请竞争都十分激烈，一定要安安心心、踏踏实实地去准备。

2. 了解"国家公派留学"项目

建议咨询学校国际办的老师，看看自己学校有没有公派留学这个项目。如果有这个项目，再进一步了解往年申请这个项目的情况如何、什么时候开始报名、什么时候交材料等等。注意：公派留学的要求挺多的，一定要按照程序来。特别要注意参报项目的报名时间、材料提交时间等各种时间要求。

国家留学基金委员会官方网站是http://www.csc.edu.cn/，可随时上网查询相关政策资料。

另外，公派留学的学生拿到博士学位以后需要回国工作服务两年，如果不打算回国，就不能申请国家留学基金管理委员会的这个项目。

3. 申请的简略过程

我申请过程中比较重要的因素主要有以下几点：

（1）大学本科期间的平时成绩。可以按照自己学校规定的成绩评定方法（科大的算法是最宽松的：85以上4分，70～84算3分，60～69算2分）计算下自己的成绩，看看自己的平均分数（Grade-Point Average，GPA）是多少。如果3.5以上，那么成绩这一块就可以基本不用担心了，已经满足了大多数学校对成绩的要求。当然某些同学可能排名很高，但是GPA根据自己学校的算法算出来却又不高，遇到这个情况一定要去辅导员那里开个排名证明，去学校档案馆开成绩单的时候把排名写在成绩单上面。很多外国导师也知道中国大学的GPA算法不一样，所以有些时候这个排名更具说服力。还有一个是"主要课程"（Major Course）可以在成绩单上面标出来。对这个"Major Course"的理解各有不同，有些人说是专业课，有些人说是大学最后两年的成绩，又有些人直接把学分多成绩又好的课当作"Major Course"。当然前提是你的"Major Course"的GPA算出来比你全部课程的GPA高才应在成绩单上标明，不然国外导师可能会误以为你的主要课程没学好，在靠其他不重要的课程提GPA。

（2）英语成绩。这就涉及我GRE和TOEFL的成绩了。TOEFL的听力难度近几年好像都在增加。口语方面，不妨多准备几个段子，这些段子尽量可以用在多个对话里面。GRE分成作文和笔试两部分。我个人觉得中国学生的分数好像大部分都在3.0分和3.5分，不知道"大部分"这个词用得恰不恰当。当时我考作文时遇到了两篇自己背的差不多的文章，就直接用上了，结果考了3.0分。笔试分成单词部分和数学部分。单词部分没说明诀窍，把单词背得滚瓜烂熟就没有太大问题；数学部分则不用准备太多，初中程度的题目，提前几天看看生词就行了。考试的时候很有可能会因为不知道某个单词的意思而导致做错题。再说一下各种辅导类学校。我上过新东方，上完之后觉得没有太大收获，就是感觉听了不少英语笑话。大部分新东方老师的音频都可以从网上下载，听音频和课堂听课效果差不多，所以经济比较紧张的同学只要你能好好利用网上的材料，效果是一样的。准备两门考试的时间各人不一样，主要取决于自己的英语水平，英语好的不用准备，不好的准备好几个月不一定会考得好。过了六级考试的同学，我觉得问题不大。GRE准备三个月，TOEFL准备两三个月就差不多。具体细节可上太傻留学和寄托天下网站查询。时间安排呢，我觉得最好是考6月份的GRE，8或9月份的TOEFL，这样后面的时间会充裕些。

（3）文章。发表优质文章当然可以大大增加你的申请成功率，这方面我了解不深，不多说了。申请学校之前可以了解一下自己学校里有海外背景的老师，了解他们是在国外哪个大学做的研究，以后申请的时候可以请他们当推荐人。

（4）申请文书。这是我深有体会的部分。个人陈述（PS）、简历（Resume），以及推荐信（Recommendation）一定要好好写。在看过我们专业一位厉害的同学（拿到了University of California Santa Cruz的录取通知）的个人陈述后，发现自己的实在是不堪入目……一定要好好写申请文书。因为写起来也特费时间，如果家庭条件好，可以找中介，他们会帮你准备申请文书以及选择学校等。如果经济上比较有负担，可以写好之后找英语老师或者英语水平高的朋友帮助修改。

（5）选学校。这个过程也是很重要的，一般情况下选15所左右就够了。申请公派的话，最好是按照2006年上海交通大学世界大学排名前200名来，靠后一点也没关系。但是不知道为什么，我这个直接榜上无名的学校也申请到了。还可以参考《美国新闻和世界报道》（U.S. News）的大学排名，这个排名应该比较准确。根据自己的情况，把选的学校分成几个梯队：超级知名学校不用选太多，和普林斯顿同级别的学校就那么几个；第二梯队的重点放在排名在30～40的学校；第三梯队的学校就排名70左右了；剩下的各种备选学校排名就100左右吧。能够申请到第一、第二梯队的基本上都是清华、北大、中科大、中科院、浙大、复旦、上交等几所院校的学生，但如果自己各个方面都比较好，当然不妨努力申请。和我关系比较好的一个科大同学就拿到了世界顶尖研究大学伊利诺伊大学厄巴纳-香槟分校（UIUC）的研究助理（RA）名额，他也申请了公派。

（6）其余因素。运气居首。所有上面这些工作最好是能够在11～12月份之前完成，因为有些学校的申请截止期比较早。一定要早点开始准备，到了后面你会发现时间越来越紧张。

如果你们学校有公派这个项目，建议你到学校的国际办开一张"公派申请证明"，上面会写明：×××正在申请国家公派项目，如果贵校能够给×××免除学费，那么国家就会每个月给×××多少生活费。科大国际办只能开三张证明，在前期可以把复印件随同各种材料一起寄给申请学校，如果学校要求原件（这个时候一般就是决定要你了），你再把原件寄给对方。

把东西都准备好并寄出去之后就是等消息了，这个时候应该差不多12月底或者1月份了。可以主动和国外教授发邮件联络，把自己的优点简要介绍下。一般情况下教授不会回复，但如果回了，恭喜你，比较有戏。等待的过程比较漫长，会容易焦躁，尤其是收到第一封回拒信的时候。一定要稳住，不到最后一刻不要放弃。

4. 公派材料的提交与申请

3月份中旬应该是提交公派材料的时间，可查看网址http://www.csc.edu.cn，按照《关于准备国家留学基金资助出国留学申请材料的说明（学生类申请人用）》要求的材料准备，每年有所变化。

如果录取通知书已经出来了，那最好要求研究生院的秘书把公派的相关要求都写在录取通知书上；如果录取通知书没有出来但是外方教授说要你了，就可以请教授给你一份"邀请函"，其内容和录取通知书的内容差不多，可按照上面网站规定的内容来写。

这里说明一下我自己的情况。一开始国外的老师说给我研究助理的职位，基本够生活费，不用我自己再出钱了。但是因为我跟老师提过公派留学项目，对方就让我申请试试。刚开始的时候我没抱太多希望，毕竟这个学校的排名比较靠后，结果居然申请到了。所以不要因为给你免学费的学校排名低就不申请公派，大可努力试试，每年的公派名额都没有用完。即便你申请到的学校排名比较靠后，就更要好好按照上面网址给的材料清单认认真真地准备材料，好好撰写研修计划。每年的公派名额用不完，留学基金委肯定是愿意多派出一些同学。如果你准备的材料比较充分全面，审批专家就可能会觉得你有做研究的潜质，只是因为运气或者英语不太好而没有申请到好的学校，那么也许就给你名额了。

如果当年的公派名额没有用完，那么还会有第二批。第一批一般3月中旬交材料，5月上旬出结果；第二批一般是在5月份中旬交材料，7月初出结果。一般情况是公派结果出来之后，你把留学基金委的证明材料发给国外的大学，然后国外大学才会发给你I20表格。拿到I20表格之后，你才能预约签证。

让我来粗略估算下公派这个战线的时间：3月份提交申请材料，5月中旬拿到审批材料，6月初拿到I20表格，7月中上旬面签，然后接受行政审查（Check），等一个月，8月中旬拿到签证，订到9月初的机票。整个战线要整整6个月的时间！这还是第一批公派，第二批更不知道什么时候才能坐上去外国的飞机……

下面介绍我个人的一个小技巧。我是今年第二批，5月份的时候把公派申请材料都交了。请外方学校给我RA，然后我自己准备了剩余的钱，大概两三万人民币，I20表格上面没有注明我是国家公派，让秘书写上我是自己拿钱过去读书。6月28号就参加了面签，接受审查，7月15号拿到公派审批书，7月30号拿到签证，马上订到8月20号的机票。我的美国学校23号正式上课，正好赶上。难以想象我是等到第二批公派结果下来再去预约面签的啊。如果照我这样顺利进行的话，比第一批的一些同学还要快。

5. 行前准备

签证在审查的时候，可以去办理公证，至少要去市级的公证处办理。关于公证，地方之间差异还是比较大的：科大学校组团公证一个人200元，需要一周的时间；我是去河北保定公证的，250元，但公证员说要半个月过来拿，后来找了找关系，三天后拿到；浙江一哥们，560元，两三天；河南一朋友，150元，当天拿……

签证拿到了，公证完了，把保证金交了，然后把保证金单据领了，就可以订机票了。机票越早订越好，所需材料按照上面网站的要求来准备。

体检和签证详见后面一章的介绍。

申请者（网名）	我心无羁	公派类型	攻读博士
国内学校	电子科技大学	申请学校	肯塔基大学
时间	48个月	专业	国际贸易学（农产品国际贸易）

我的公派申请流程及准备过程如下：

1. 准备语言考试

我参加了托福（iBT）和GRE两项考试，我的分数：IBT 95，GRE 1330。

语言成绩对于申请奖学金非常重要，要尽量考高分。美国很多学校博士申请对托福（iBT）的要求都是90左右，对经济类的要求更高，一般在100分以上。

个人觉得GRE作文比较难，需要花大量时间来准备。首先提高打字速度，接着要研读范文，然后自己练习写作，最好找个考友互批作文。GRE的阅读题也比较难，有五个选项，同样需要大量的练习。首先攻克难句长句，然后多做真题，提高阅读速度和正确率。

2. 选择专业和学校

我主要用到的网站有三个：

http://colleges.usnews.rankingsandreviews.com/best-colleges/national-universities-rankings

http://www.gradschools.com/search-programs

http://graduate-school.phds.org/find/programs/

最后一个网站非常不错，有每个学校的录取比例以及奖学金额度。

3. 查看各个学校的申请要求

初步选择好学校后，就可以开始查看各个学校的申请要求，特别要注意申请的截止日期。一般来说，早的学校是1月15日截止，晚的是2月1日或2月15日。因为托福和GRE送分的速度比较慢，所以最好要在截止日期前一个月申请送分。

如果时间允许可以经常与教授联络，我自己也有做，但是效果不太好。

4. 准备申请材料

大体而言，申请流程是先网申，支付申请费，然后邮寄纸质申请材料，主要包括：

（1）简历（CV）。一到两页为宜，主要包括个人基本信息、研究领域、教育经历、工作经历、社会活动、发表文章、所获奖项等。

（2）个人陈述（Personal Statement/Statement of Purpose）一般在两页内，主要阐述选择这个专业的原因，为什么要读博士，已经做了什么样的准备，有什么职业规划，为什么选择这个学校。这份材料非常重要，写好后要反复修改，最好能找到外国专家给点专业修改意见。

（3）本科和研究生成绩，以及本科的学位证书和毕业证书（中英文）。有的学校需要两份成绩、学位证书和毕业证书，一份寄到系里，一份寄到研究生院，所以办成绩的时候要多办几份。

（4）在读证明（中英文）。两种语言版本。

（5）推荐信（三封）。虽然现在很多学校都可以网上提交推荐信，但是需要导师自己用邮箱提交，为了不麻烦老师，我还是选用的传统的纸质推荐信。

（6）专业课和数学课成绩单。我申请的十所学校里面有一所要求我把专业课和数学课的成绩单独列出来。

（7）托福和GRE成绩。

5. 投递材料，等待结果

等待结果的这段时间可以去办理护照。办理护照的时间需要20天。

6. 收到录取通知书，申请公派留学基金

申请公派留学基金的时候需要写研修计划（research proposal），这个一定要写好，因为评审专家需要凭这个来决定是否有必要派你去国外研究你选择的课题。

7. 准备签证材料

我按照使馆要求准备了签证材料。由于我的专业不属于敏感类型，签证官基本没有问什么问题，我很顺利地拿到了签证。

希望以上的申请信息对大家有所帮助！

申请者（网名）	周凡	公派类型	联合培养博士
国内高校	四川大学	申请学校	斯坦福大学
时间	12个月	专业	临床医学（妇产科学）

我有幸受国家留学基金委资助，通过个人渠道，成功联系到美国斯坦福大学遗传学的导师，于2015年9月至2016年9月在美国斯坦福大学接受联合培养。现就自己的前期准备过程和一些个人经验分享如下，希望能够对想要通过个人渠道联系导师，申请出国的同学们提供建议和帮助。

1. 留学前准备

（1）明确留学目的。我期望从事学习的是基础研究、临床研究还是临床学习？这决定着如何选择导师和联系导师。

（2）明确计划留学的时间（国家留学基金委对联合培养博士的资助期限为6~24个月）。

（3）英语水平的准备。建议早准备，同时注意成绩有效期限。满足国家留学基金委要求的英语水平证明包括雅思、托福、WSK（PETS5）、四川大学出国培训部公派研究生英语培训、国外导师出具的语言证明等。

（4）科研成果的准备非常重要，后文有详述。

（5）地区和学校的选择：专业方向的符合程度和学校排名都重要。对自行联系导师的同学，可考虑通过大学主页查找，包括通过各个部门（Department）查找实验室（Lab）和通过研究中心（Research Center）查找项目（Program）；也可以通过已发表文献查找。可结合两种方法，依个人喜好决定。从已发表文献中查找时应注意发表年限，部分教授在发表相应文献后，可能已经更换大学或研究机构。

2. 科研成果的准备

对自己联系导师的同学而言，建议做好以下三点：

（1）充足的准备。归纳总结参与过的科研项目和学术论文，所有参与过的科研项目都可以写，不一定必须是项目主研；所有有自己署名的文章都可以写，不一定是第一作者；对自己的研究领域有整体的把握，对自己的研究方向有全面深入的了解（需要积累）；对拟申请导师的研究领域和方向有一定的了解，很多实验室的主页对于科研项目并没有实时更新，部分实验室的研究方向取决于实验室博士后感兴趣的研究方向。

（2）充分的自信。我们对自己研究课题要有充分的自信，术业有专攻，拟申请的导师对我们研究课题的了解可能比我们少。斯坦福遗传学的Fire教授曾获2006年度诺贝尔生理学或医学奖，他每周都会认真听博士学生讲课题进展，同时做笔记。科研能力不单纯指自己会多少种实验技术和方法，科研思维能力同样很重要（发现科研问题，形成科研假设，如何验证假设）。

（3）明确的科研目标。个人认为在国外的基础研究课题主要分为以下三种情况：一是参与到拟申请导师已有的科研项目中，一般是实验室人手不够，在给予我们学习机会的同时，我们也能够为实验室的发展做出贡献。二是开展并完成自己感兴趣的科研课题。对于这种在国内就已明确自己课题的目的、方法、可行性的情况，我们要考虑清楚自己为什么要到国外实验室去完成研究，国外实验室的优势在哪里（技术、样本）等问题，要充分利用国外实验室的优势。三是先参与已有的科研项目，再发散思维，开展自己感兴趣的小课题，这有一定难度。

此外，科研成果的展现主要有通过邮件展现和通过面试展现两种方法，都需要有所侧重。可根据拟申请导师的专业方向进行调整，突出与该导师相关或有交叉的课题，体现出自己对该领域的背景知识有一定的掌握，对相关课题更容易上手。个人认为已发表的学术论文能够体现自己的科研能力，但不是硬性指标。特别是对于一、二年级的博士学生而言，他们大多数科研项目还在进行中。如果文章已经写好，尚未投稿或发表，也可以直接告诉拟申请导师，自己的课题已经有了初步的成果，正在撰写文章或投稿。对科研成果的展现不妨尽

量写得丰满些，但一定要实事求是！

邮件正文中对自己的课题的归纳总结可包括以下几个方面：课题的研究目的/意义、方法、进展及最终目标。首先概括自己的课题（研究目的），接下来用1~2句话概括已经取得的初步研究结果（进展），再用1~2句话说明自己现在在做什么，最后用1~2句话概括课题今后的研究方向和目标。邮件中还应简要说明如果自己申请到拟申请的导师的实验室后，想要参与的或者感兴趣的研究课题或方向。很多教授未必有时间认真阅读邮件，把邮件写得清晰有条理非常重要！写好邮件是获得面试机会的重要前提。

同样要重视自己对科研成果的口头表述能力。自己联系导师的同学，在获得导师出具的邀请函之前，都要接受电话或者视频面试。能否用英语进行日常对话，并清楚地向导师介绍自己感兴趣的研究方向，是大家顺利拿到邀请函的重要前提。

3. 撰写邮件的注意事项

对自行联系导师的同学，在撰写邮件时，还应注意在标题中明确自己申请的身份（Joint PhD Student，Visiting Scholar，Visiting Student等）、申请年限（12 months，18 months等），以及自己可申请中国政府提供的奖学金（sponsored by Chinese Government）。邮件正文不应过长和过于烦琐（导师可能没有足够的时间阅读邮件全文，应条理清晰，突出邮件的用意），附件中可附上个人简历和个人陈述。邮件中应体现出自己对该导师研究方向的兴趣，自己现在的研究课题及方向与该导师研究方向的相关性，自己想在导师的实验室从事哪项研究或进行哪方面的学习。注意不要同时联系同一所学校的多位老师。

4. 留学收获

在斯坦福的一年学习中，我参加了丰富多样的讲座和学术会议，日常工作中与实验室同事积极交流、讨论，每周一次认真准备并参与Group Meeting和Journal Club，科研能力得到了提升，科研思维得到了拓展。此外，我参与到实验室国际领先的单细胞测序技术的科研项目中，学到了很多目前很热门的单细胞研究技术，实验技能获得了提高。通过与实验室中来自多个国家的同事的日常交流，我的英语交流能力和沟通能力获得提高，对不同的文化有了更深入的了解，丰富了自己人生经历。最后想要提醒同学们在异国他乡一定要特别注意人身安全，安全第一！

申请者（网名）	霞	公派类型	联合培养博士
国内高校	四川大学	申请学校	普渡大学
时间	18个月	专业	生态学（水土保持）

　　公派留学对我而言是件很随机的事情，我简直是稀里糊涂走到了现在。起初自己完全没有这方面的打算，博士一年级时，朋友忙着申请出国，而我只是想着按部就班地毕业。朋友未能如愿，问我为什么不出去看看，说我这样直博的可能会容易出去些。第二年，朋友又一次申请，寝室好友也要申请，我一开始仍然是无动于衷，后来临近报名的前几天，因为实验进展不太顺利，一时冲动匆匆报了名。

　　接下来就非常繁忙了，我一边做实验，一边学英语，一边联系老师。虽然我的项目对英语要求不高，但我还是很心虚，我的英语并不算好，甚至连六级都还没过。就这样，我又开始热衷于学英语，平时看电视剧都要刻意去看美剧，虽然会克制不住地看中文字幕，但感觉还是有点作用。再说一下联系导师吧，这方面我还是费了不少劲。我的国内导师跟外国没有合作交流，答应托朋友帮我打听，但也很难保证什么。于是我就开始海发邮件，根据自己看过的文献找作者，根据作者看学校的排名与研究实力。但结果并不理想，大多数都是问是否带项目过去，要么就是没有空余的课题给我做。此时我听说，还是老师出面比较好，于是就请老师写了推荐信。后来就有老师跟我联系了，问我一些细节上的问题。就在这时，导师的朋友向我推荐了自己在普渡的朋友，让我自己邮件联系，对方也很快答应接收我。有人担保真是好得多！

　　有了接收单位，就获得了准备材料的权利。3月我向学校提交了以下材料：国家留学基金管理委员会出国留学申请表，单位推荐意见表，校内评审意见表（仅申请学费资助人员需提交），两封专家推荐信（仅申请学费资助人员

需提交），身份证复印件，成绩单复印件（自本科阶段起），最高学历/学位证书复印件，学籍证明，主要科研成果（清单及摘要），详细的国内外导师介绍，获奖证书复印件，外语水平证明复印件，研修计划（英文）（双方导师签字；攻读学位者若暂无外方导师，只需国内导师签字），收取学费明细表（仅申请学费资助人员需提交），国际旅行健康证明书复印件，正式邀请信复印件、入学通知复印件（包含免学费或获得学费资助内容，或另附证明信复印件）。厚厚的一打，简直能把人折磨疯。

材料提交后，就是漫长的等待，焦虑在所难免，但还是要抱着平和的心态，做好眼前的事情，毕竟这不是唯一的出路。大约五一假期过后就出结果了，颁发资格证书，老师讲解注意事项。大约在7月初，学校会组织培训，对我们细心叮嘱，认真讲解，内容包括手续办理、法律科普、养生之道、出国行李准备等方方面面的内容。有机会的人真的应该好好听，不枉费学校老师们的一番苦心！下面就是签证，购物，订机票，准备出发了，我在这儿就不详细说了。

最后我建议大家，一定要提早做准备，不然就要像我这样延期毕业了。预祝各位同学顺利通过，学业有成！

以下是我与外国导师联系时常用的邮件范文，供大家参考。

Dear Prof. ***,

I am ***, a PhD student from Department of *** in *** University in China. Now I get an opportunity of applying for a PhD Research Fellowship from the Chinese Scholarship Council. The fellowship can guarantee my daily life aboard. And it will support me to do my research in a top university abroad. The financial support can last for 6-24 months, and after that I will return to *** University for my PhD dissertation defense. *** University comes to my first choice for its excellent research level and good international environment. Besides, I am very interested in what you did in your department by reading your dissertations.

During my master and on-going PhD education in China, I have participated in my advisor's project of *****, and have been doing plenty of studies on ****. Now I have finished the manuscript ****. This work studied the ****. I have read quite a lot of literatures during the research, and they bring a profound interest in *** research. Therefore, I would like to apply for an opportunity to fulfill my PhD study in your research team. It would be a great honor for me to have this chance to learn from you.

Thank you for your kind assessment and sincerely hope you would accept my application. Hope to hear from you at your earliest convenience.

Best regards.

Sincerely yours,

***

以下是我的邀请函，供大家参考。

Dear ***,

I would like to invite you to spend 18 months at *** University as an Exchange Student from September 1, 2010 to March 1, 2012.

During your visit, you will conduct research toward your PhD thesis on ***, specifically on the ***. Our laboratory has very active research programs in ***. We have scientific expertise and facilities for ***. We will develop your PhD research topic based on ***. We anticipate the outcome will be presented as joint papers in scientific meetings and journals.

The *** will provide office space and necessary technical support for your research. The Chinese Scholarship Council will be responsible for the round trip travel, living, health insurance and any other incidental expenses for you and your family. You will need to obtain Exchange Visitor (J) visa to have legal status in the *** University and the *** Lab.

I look forward to your acceptance of this invitation. If you have further questions, please do not hesitate to contact me by phone (***) or e-mail (***).

Sincerely,

***

申请者（网名）	陌生人	公派类型	联合培养博士
国内高校	四川大学	申请学校	美国斯克利普斯研究所
时间	12个月	专业	化学生物学（药物设计与发现）

以下是我申请国家公派项目的一些经验，供后来的申请人参考。

1. 认真阅读国家公派研究生项目实施细则和办法

在游戏开始之前，首先要了解游戏规则。我认为这个是最重要的，要不后面的一切努力都是白搭。国家公派研究生项目实施细则和办法可以在各大网站、各个高校的国家公派研究生专栏以及国家留学基金管理委员会网站出国专栏查看，每年的实施细则和办法基本上差不多，略微有所变化（比如2010年以后申请联合培养新增了英语要求）。在新一年实施细则和办法出台之前，可以先参照上一年的实施办法准备。

2. 对外联系

在确认自己满足了国家公派研究生项目实施细则和办法的要求以后，就可以对外联系学校和导师了。首先，在对外联系之前，最好和国内导师商量沟通，在征得国内导师的同意和安排之后再联系。比如有的老师在国外有合作关系，可能会尽量让你去和自己有合作关系的地方交流学习。先斩后奏是对导师的不尊重。其次，准备自己的个人简介、公派项目简介和研究计划。联系外导时最好附上自己的个人简介和公派项目简介。若外导基本同意了你的留学申请，在给你发邀请信之前，一般会要求你写一份研究计划，所以可以提前写出研究计划备用。个人简介主要包括个人基本信息、研究背景、研究兴趣、获奖情况和发表文章等。最后，对外联系尽量早点。提前联系可能申请的成功率大一点，毕竟每个学校交流访问的名额有限制，导师名气越大，可能联系的人也就越多。据说在国家公派项目中申请同一个导师的人超过两个，就很容易被留学基金委刷掉，所以还是要尽量抢占先机。早点联系还有一个好处，就是可以提前和外导讨论一下条件，比如尽量争取一点生活补助，确认发表文章的第一单位等一些关乎自己切身利益的问题。

3. 提交材料—学校审核—CSC审核—签证—行前准备

前面的准备工作和对外联系做好了，后面的只能尽人事听天命，按部就班进行就可以了。

4. 建议

（1）英语：现在学校和国家留学基金管理委员会对公派联合培养申请者的英语水平有了一定的要求，有些国外学校在给邀请函或者在办理DS2019表时，可能会要托福成绩。建议大家有时间和精力最好考一下托福。最好正式申请前问清楚对方学校的英语要求，或看看对方学校国际处的网站上有关英语要求的说明，以免以后的申请过程出问题。

（2）邀请函（Offer）：在外导提供邀请函之前，一定记得让外导按照留学基金委要求的邀请函格式和内容要求出具（具体要求每年学校都会通知的，比如免学费、注册费等）。没有按照要求出具的邀请函，很容易被淘汰。

（3）选学校、导师和专业：学校和导师的选择可参见《国家公派研究生项目实施细则和办法》中三个"一流"的原则来选。学校最好选个排名靠前的，导师最好选拥有教授职位的。但实际上，在每年公派留学最后的审核上，一些针对排名很好的学校，比如哈佛大学、加州大学伯克利分校等的留学申请反而常常被淘汰，不知道是不是在导师选择上不满足国家公派的要求。除了看学校综合排名和导师，更要选择一个自己专业方向比较好的学校。美国高校各专业排名大家可参考US News Ranking研究生专业排名网站：http://www.offerrain.net/USA/Ranking/USNEWS/Graduate。

（4）要选适合自己的地方。往年国家公派的去美国资助额度是1000~1100美元/月。虽然基本上能够满足大家在美国的日常生活需求，但在有些地方（比如纽约、波士顿、加州等），尤其是学校还在市区的，这些钱就略显不足。所以最好要提前了解一下申请学校所在地的物价水平，尤其是房租价格。

（5）申请不同J-1签证类型的最长学习期限：Post-doctoral academic training: not to exceed 36 months; trainees: 18 months; research scholar: 5 years; short-term sholars: 6 months; international visitors: 1 year; intern: up to 12 months.

（6）更多的消息有空可关注一下小木虫公派出国联合培养板块，会有第一手的资料和消息等着你。网址如下：http://emuch.net/bbs/forumdisplay.php?fid=131&type=749。

附1：对外联络信

Dear ***,

I am ***. I am a PhD candidate from ***. My research field is***. I am skilled at ***. Several *** have been developed by us. I am also good at ***, which mainly involves the use of ***. So far, I have accomplished ***.

Currently, my research work mainly focuses on the field of ***. I intend to do some research work on ***. I am very interested in your research topics and familiar with your versatile ***. Thus, I want to obtain a position as a joint-training PhD candidate (official usage, i.e. research scholar) at your research group for 1 ~ 2 years with the funding support from China Scholarship Council (CSC) in case of tuition/registration fee waiver at *** (usually no fee for the joint-training PhD candidate). If you would like to provide me just a formal invitation letter and tuition/registration fee waiver, I am able to study at your research group with the funding support from CSC as a joint-training PhD candidate, without any financial support from your institution.

I am a bright and hard-working person. I think I am capable of being a joint-training PhD candidate. If possible, I would like to do the postdoctoral research work at your research group after I receive a PhD degree at my host university.

My CV and introduction of CSC scholarship program are available from the attached files. I am looking forward to your consideration of my application.

Thanks.

Best regards,

Sincerely

***

附2：邀请函

Dear Mr. ***,

I am pleased to invite you to join my laboratory for a period of one year for joint-training internship as part of your PhD studies at *** University. I understand your date of birth to be September **, 1984, and that you will be working in my laboratory from September 2010 until September 2011 undertaking research in ***.

I hold the ** Research Chair and am a Professor at *** in La Jolla, California, a founding member of its Molecular Biology Department and the Director of the Molecular Graphics Laboratory. Research from my laboratory has produced over 150 peer-reviewed scientific publications. *** is one of the leading biomedical research institutions in the United States. *The USA News and World Report* consistently ranks *** graduate student programs in Chemistry and in Biological Sciences among the top ten in the nation. For more information concerning my accomplishments and my laboratory, please visit the following website: http://***.scripps.edu.

One of the main projects of my laboratory is of vital importance to drug discovery: the creation of molecular docking software. Docking software is used in the early stages of drug discovery to model the interaction of various molecules of medicinal interest. It starts with a description of a biologically important macromolecule, such as an enzyme or a receptor, and a drug candidate. It then makes predictions about whether the drug molecule would interact with the macromolecule. This knowledge is critical and is used to guide the later stages of drug discovery. The molecular docking computer program developed in my laboratory, called ***, has been distributed to over 15,000 laboratories, and is used in advanced research projects aimed at better understanding and finding cures for cancer, HIV/AIDS and a variety of other debilitating human diseases. As a result of ***'s use by many researchers worldwide, our work on it has been cited over 3,000 times in peer-reviewed scientific publications.

*** does not require tuition or registration fees for a student intern who

is obtaining his or her PhD degree from another University. This invitation is conditional upon an award of full support from the China Scholarship Council, eligibility for a J-1 Student Intern visa, and a completed application for the internship that is accessible from the Scripps web-site: http://www.***/services/isso/advisories/phdstudent.html.

I anticipate, given that the above conditions are met, you would begin your joint-training internship in my laboratory around September 1, 2010.

Sincerely yours,

***

申请者（网名）	WenEr	公派类型	联合培养博士
国内高校	电子科技大学	申请学校	加州大学圣塔巴巴拉分校
时间	12个月	专业	光学工程（聚合物太阳能电池）

　　我在2008年9月初就知道国家公派出国的项目了，当时教研室有个师姐要到加州大学伯克利分校做联合培养博士，她和我关系很好，就极力鼓动我加入2009年的申请。我当时硕博连读刚进博一，没有考过托福和GRE，以第一作者发表的文章有5篇（2篇SCI，3篇EI），能撰写英文论文，但英语水平整体不算好；另外我比较恋家，成都待着又挺舒服，所以对出国不是很感冒。无奈我的导师是非常厉害的海归，他对出国学习非常推崇，常常鼓励我要开开眼界，出去见见世面。在他的言传身教下，我逐渐开窍并最终下定决心。在读博和联培之间，我结合自身情况，更倾向后者，原因有三：（1）不用参加托福和GRE考试，可以节省几千块钱的考试费；（2）可以选择一个好大学，甚至可能在世界一流的科学家手下学习；（3）时间较短（最多2年），不用和家人分别太久。基于以上考虑，我开始着手准备申请，原以为会比较顺利，哪知正是刚开始自己儿戏的态度，导致后来事情曲折反复，白白耽搁了一年。

　　由于国家的公派政策一般都是年底出台，次年3月份交申请材料，5月份定名单，所以，如果要申请次年的公派名额，就需要头一年9至12月内联系国外导师，以获得邀请函。我下定决心后已经是10月份了，手里的资料只有师姐留给我的个人简介模板、对外联络模板和世界前100大学排名单。我先花了一天的时间，把自己的个人简介和对外联络邮件写好（没有写PS，觉得CV足矣）；然后花了一周的时间，收集了一些著名期刊（比如*Nature*，*Science*，*JACS*，*Advanced Materials*，*APL*等）里的相关文献，把本领域的知名学者都找了出来。我的基础目标是美国，学校在前50名以内，这样范围就小了很多，符合条件的大概有二十来个。我浏览了这些学校的网站，详细了解那些知名学者所在院系和实验室的情况，并把他们的个人简介、科研方向、项目支持和网站链接等基本信息整理成了表格。

准备得差不多了，我就开始有选择性地发邮件了。我想，既然是行业的顶尖学者，那他们的邮件肯定很多，如果我随随便便发过去，人家不一定看得到。所以，我发邮件的时候注意到两点：一是邮件主题一律用"Apply for a visiting PhD student"，清楚明了；二是发邮件的时间一律选择晚上，因为我们和美国有时差，对方看到邮件正好是早晨或上午，会更重视一点。（不过这些只是小聪明，后来证明也没什么用，我写出来，权当记录当时的心路历程。）我先给普林斯顿和麻省理工的两位顶级学者分别发了邮件，等了两天，石沉大海。然后我又给斯坦福的一位女院士候选人发邮件，她回信很快，但大意是斯坦福的生活费很贵，一个月需要2500美元，还有各类注册费、板凳费什么的，如果我能自己承担这些，她就同意我去。我属于典型的无产阶级，这种高消费是可望而不可即的，于是我果断放弃。

三封邮件失败后，我有点失望，就去找导师谈心。他语重心长地教育我，说我邮件发得太少，至少要发几十封才行，还说某某师兄发了一千多封邮件才申请到博后，我与之相比是萤火虫之光对比皓月之明。听了导师的话，我心里有底了，看来要广撒网、有耐心才行。于是，我又选了几所大学的教授，针对他们的科研课题有针对性地修改了联络邮件和自己的个人简介。这一次，我没有选择私立大学，全部是公立大学。很快，加利福尼亚大学洛杉矶分校（UCLA）的一个知名教授回信了，他可能觉得我背景不错，很爽快地就给我发来了电子版的邀请函。我很高兴，还专门针对他们的课题写了一份研究计划。可惜的是，后来由于各种原因，我不得不放弃了这所学校。最后，我接受

了佛罗里达大学（CUF）一位教授的邀请函。虽然UF的排名比不上UCLA，但那个实验室有两个美国能源部支持的项目，科研经费充足，而且他们的科研方向更重视应用研究而不是基础研究，实用性更强。那位教授真是非常好，11月初就给我寄来了邀请函原件。可是后来我又发现国家新出的规定要求必须在邀请函上写上出生年月，我给他说明了情况，他二话不说又按照新模板重新寄了一份给我。我很感动，就因为我的不细心，让人家费心了两次，决心以后一定好好帮他干活。可惜事与愿违，我最后还是没能去到他的实验室。

我最后没有申请成功的原因很可笑，用我导师的话来说是我犯了非常低级和愚蠢的错误。在准备申请材料期间，我是很封闭的，没有上过小木虫网站，也没有和别人交流过经验，完全凭自己埋头苦干，所以凡事都后知后觉。在获得邀请函后，学院研究生科要求我把邀请函和一些基本资料交给国际交流处，因为当时学校的意思是先进行校内选拔，再交给国家审核。交完材料后，我有点无所谓了，觉得什么事情都要等学校定了名单再说，所以在2008年11月至2009年2月期间，我很少关注国家留学基金管理委员会的动态，竟然也忘了关注学校国际交流处的消息，我居然天真地以为他们会打电话通知每个人。这种态度导致我没有看到12月份国际交流处的开会通知。由于没有参会，我完全不知道要在2009年2月25号之前完成留学基金委网上的注册和资料填写。这导致后果十分严重，因为我错过了这个最重要的程序，所以连基本的申报资格都没有了。等我3月份想起来去关注的时候，什么都迟了……通过这件事，我总结了两点教训：（1）一定要经常关注留学基金委和学校国际交流处的通知，以获得最新信息；（2）找一个和同道中人交流的平台，首选小木虫，其次是公派群，大家相互帮助，相互交流，会事半功倍。

我为自己愚蠢的失误郁闷了好一阵子，不过后来也就释然了。塞翁失马，焉知非福，尽管没有出国，但是在国内的2009年却是我生命中最重要的一年，留给了我许多美好的回忆。后来导师告诉我还可以接着申请2010年的公派资格时，我的心态就非常平和了，反正我经验教训都有了，就以一颗平常心去申请吧。

有了上次的前车之鉴，2010年的申请过程就顺利多了，我于2009年9月中旬发邮件，很快就拿到了加州大学圣塔芭芭拉分校（UCSB）的邀请函，这让我喜出望外，因为这个实验室在柔性有机太阳能领域非常出名，外导更是传说中的超级能人。我心满意足，安守这份邀请函，不再骚扰别人。并且，从那次失败以后我养成习惯，每天必上小木虫的留学板块，从上面看到了很多消息贴和经验贴，了解和学习了很多东西，这使得我的申请材料准备得比较充分，为后来顺利通过国家审核打下了基础。后来，我又加入成都公派群，和很多热心的群友一起讨论签证、团购，分享经验，其乐融融。

前人栽树，后人乘凉。正是许多前辈们留给我们的宝贵资料，让我们少走了很多弯路。我非常支持张玉荣博士和谭惠文博士组织编撰这本公派留学手册，这是一件非常有意义的事情。我认真地把自己的申请经历写出来和大家分享，希望对以后的同学有所帮助。

对外联络信：

Dear Prof. ***,

I am ***, a PhD candidate who studying at *** University. I am writing to you to explore the possibility of spending two years studying and working in your group as a visiting PhD student.

My major is ***. And I am working on *** (具体的研究方向). Attachment is my CV, which contains information on my educational and research experience as well as personal details.

Your prominent efforts make you well known in *** field. I have read much about your work and appreciated your significant achievement. As your research projects are approximately related to my research experience, I believe that with your help I would make much progress in my career.

I will be a full-day student studying in your group with all the living expenses supported by China Scholarship Council (CSC), and get my PhD degree at my university. I would much appreciate an opportunity to study and work under your guidance.

Thank you very much in anticipation and looking forward to your reply.

Sincerely yours,

***

邀请函：

Dear Mr. /Ms. ***,

I am writing this letter to confirm that I will accept you as a visiting PhD student for two years in my research laboratory and that I strongly support your application for the CSC doctorate program.

You will be a member of my lab starting from September, 2010 to August, 2012. Your research will be related to your PhD study. Specifically, the studies will involve the *** （研究课题）. We will provide all necessary laboratory facilities, equipments, and supplies to ensure a successful research.

You have demonstrated sufficient skills in spoken and written English to perform the research and associated course study and training. No additional language training is required before enrolling in the program. You will be a visiting student and there will be no need to pay tuition fees.

I hope that you find these comments useful. Please let me know if you need additional information or if you need clarification of any of the points above.

申请者（网名）	Julia	公派类型	联合培养博士
国内高校	四川大学	申请学校	宾夕法尼亚大学
时间	12个月	专业	临床医学（妇产科学）

关注公派出国留学已经是几年前的事了，那是国家开始公派留学的第一年，那时我正在读硕士二年级，也曾想过考托福和GRE出国攻博，最后反复斟酌后还是选择了联合培养。

现在的导师在博士一年级就已经联系好了，但我选择博二出去，主要是想博一在国内把博士课题做完，把核心期刊文章发了，提高自己的实验技能，以免出去丢国人的脸。所谓有得必有失，博一出去，可以按时毕业，但是如果没有国内的课题和核心期刊文章做支撑，心理压力会大一些；博二出去，虽然课题做完了，核心期刊文章发了，但是会延迟半年或一年毕业。所以以后的师弟师妹们是选择博一还是博二出去，还是要根据自己的情况和导师的意见来决定。下面具体说说我个人的一点小经验：

首先我想谈谈联系导师的几种方法。一是在网上搜索相关名校的网址，查询每所学校里相关导师的研究方向，选择和自己的研究方向相近的外导，发邮件给他们。总会有人回信的。再从给你回信的导师中选择专业、学校等最适合你的进行交流。我建议至少要与两个导师建立并保持联系，因为有些导师不了解中国公派留学的政策，到最后万一出现因为经费等问题无法出去的情况，你也仍然还有其他的选择。所以在和外导建立联系的时候，一定要向他们宣传我们国家的公派留学政策。当然，如果对方以前就招过公派的学生，那就很好了，一切都更省事。我的导师就是以前收过公派学生的，所以程序上他比我还要清楚。二是抓住学校内部的机会。比如四川大学经常会邀请国外名校的导师来做学术讲座，如果有与你方向接近的导师，你就可以在讲座完了直接与该导师联系。博一的时候，有位印第安纳州立大学的老师来做讲座，会后他自己主动宣传可以接受攻博的和联培项目的学生。我当时就借机和他建立了联系，但是后来因为种种原因放弃了。三是如果你有师兄师姐在国外读博或者联培的，通过他们联系导师也是好办法。应该说三种方法我都用到了，邀请函也拿到了几张，最后选定学校综合考虑了导师研究的方向、学校的实力、国内导师的意见等多种因素。

如果和导师沟通没问题了，就按留学基金委的要求让外方导师寄来邀请函和研修计划。我的前期是用外导邮件发过来的电子版向国家留学基金管理委员会申请的，正式的纸质版是外方后期连同其他官方资料一起寄过来的。

对于公派留学的资助和对方学校最低生活费的差距问题，有三种情况。一是对方导师主动就给补助的。像我的导师就是，我只字未提钱的事，在最初的邀请函里也没有提到补助，我以为国家资助的钱就够了。但是后来发正式邀请函过来的时候上面就主动提到了具体补助的金额。二是对方导师不提，也许他根本就不知道。你可以很诚恳地向他说明情况，一般几百美元外导还是比较容易给的。只要努力争取一切都是有可能的，也许只是没有想到。换个角度，如果外导招一个博后，会花更多的钱，这点补助比较起来确实不算多。三是即使提了，外导也不给。这种情况还是有，建议遇到这样的外导千万不要心存怨

恨，毕竟我们拿了国家的钱出去是学习的，抓住良机努力提升自我才是关键！

希望师弟师妹们都能顺利申请到自己理想的学校和导师，学成归来为国家做点贡献。下面附上我的对外联络信和邀请函，隐去部分个人信息。

对外联络信：

First of all, I appreciate very much your kindness of reading my letter! I am ***, my English name is ***, a PhD candidate who studies at *** University and will be graduated at 2011. The major of my PhD stage is *** and my supervisor, ***, is very famous in this field of our country. When I noticed the news about the cooperation research between famous university abroad and my university, I was so encouraged and glad to check the information by all kinds of way.

I notice you and your research by means of the Internet. The study of ***, especially of *** , interested me much before I entered *** University. So I choose my doctoral research direction about ***. In the past three years of study in the same university, I noticed that there is a great deal of space for us to research. So with the enthusiasm, I hope I would have the opportunity to work under you.

I will be a full-day student studying in your group for 12 ~ 24 months. All of my fee abroad will be afforded by my country and there is no requirement for TOFEL or GRE by our university and government. After finishing my program which will be set by both you and my supervisor, I will get my PhD degree at *** University. I believe that, if given the opportunity to work under you, I could be of great help in your research. Would you please give me a chance to study in your lab and give me an answer kindly? Thank you very much!

Yours sincerely,

***

邀请信：

Dear ***,

As a result of our correspondence before, I am writing you of my decision that I will accept you as a joint PhD student/visiting PhD student in the Penn Ovarian Cancer Research Center and Center for Research on Reproduction and Women's Health, University of Pennsylvania School of Medicine. As detailed in the research proposal, you will follow a comprehensive program and work through multiple steps toward your thesis. You will work on pathogenesis of human epithelial ovarian cancer, with a focus on the role of miRNA in this disease.

The experiments will be performed in University of Pennsylvania. This appointment will be initially for one year and continuation during that time period and renewal are based on progression of your thesis work and the approval from the Dean of School of Medicine. Your life expenses and roundtrip airplane tickets will be supported by the Visiting Student Scholarship from the China Scholarship Council. I will provide you with supplemental support for expenses of your experiments performed here. In addition, the tuition fee for Penn BGS visiting student program will be paid through the Ovarian Cancer Center. Penn BGS visiting PhD student program has no language requirements to you.

I look forward to working with you in the near future.

Sincerely,

***

申请者（网名）	远远的云	公派类型	联合培养博士
国内高校	四川大学	申请学校	宾夕法尼亚大学
时间	12个月	专业	口腔基础医学（口腔微生物学）

第一次接触国家公派出国项目是在2007年研究生新生入学的时候，在我们参加学院的开学典礼时，学院特地安排了一位师姐给我们做演讲报告，那位师

姐就是当年9月份要出国的。当时完全不懂公派的事情，只是作为初来新生，感觉师姐好厉害，能够出国真幸福。我当时完全不会想到有一天自己也会跟师姐一样可以申请国家公派出国，因为自己太平常太普通了。在去年博士入学的时候，我们上一级的师兄师姐也陆陆续续地出去了，我心里其实是想出去的，可是却没底，不知道国内导师会不会同意，不知道怎么联系到国外的导师，不知道这个过程都需要什么材料，要经过哪些程序。

于是在博士论文开题之前我就跟导师咨询了下出国的事情，她明显表露出同意我出去。国内导师同意你出国，这个是关键的第一步。但接下来联系国外的导师的事情需要我自己来搞定。

下面是我联系外导的过程和一点体会：

拿到邀请函是最重要的一个环节，于是我开始准备联系国外导师。我之前没有跟国外导师联系的经验，完全不知道该如何联系，也不知道他们是如何看待我们这样的联合培养博士的，所以我就从以前出去的师兄师姐那边开始着手了解。我认识一两个出去的师兄师姐，有他们的QQ号，就向他们咨询该如何开始申请。我向他们询问现在学院的情况，问他们的导师有没有新课题，有没有意向继续收联培的博士生……这样是最简便最快捷的方式，一方面可以更深入地了解对方导师的情况、对方的课题方向，自己在发邮件之前也可以做好充分的准备。我咨询了很多个师兄师姐，虽然没有找到合适的外导，但是我从中了解了很多对外联系需要注意的问题。最后我咨询了去年出去攻读博士的一个师妹，我们一起做过实验，关系比较好。我问她现在外导招不招联培的博士生，她就把导师的邮箱告诉了我，并且提醒我在邮件里一定要跟外导讲明不需要外方出任何费用，全部由中国留学基金委出。这点很重要，因为国外有些导师虽然课题很多，很需要学生去做，但科研经费并不多。于是我就写了第一封信给外导，对方很快就回复我了，表示欢迎我去他那学习。我非常幸运，用很短的时间就拿到了邀请信和研究计划，这其中有两个很重要的因素：一是有我师妹在那边，她跟我一起做过实验，了解我一些实验技能，向外导大力推荐我；另一个很重要的因素是我博士的课题跟外导当前的一个课题很相似，他一看到就很有兴趣，认为我过去非常合适，所以很快就帮我制订了合适的研究计划。

以上就是我联系外导的过程，希望对后来的师弟师妹们有帮助。我对没有跟外导联系经验的同学有如下一点小建议：一是从已经在国外的师兄师姐那里下手，看他们的导师还有没有意向招收学生；二是一定要在自己的个人简历中多写写自己的科研经历，外导很看重这个。当然也可以适当多夸夸自己，自己做过的课题和正在做的课题，自己都具备哪些实验技能，都要写明。没准外导对你其中的一条非常感兴趣。

其他有关程序上的问题和相关材料的准备我就不多说了，因为其他人已经写得很清楚，下面我再来说说跟外导申请生活补贴的事情吧。

虽然第一封给外导的信中写明了不需要对方出任何的费用，但是后来我才知道留学基金委资助的生活费并没有达到外方学校的每月最低生活标准。虽然我申请的学校所在地消费水平并不高，差额也不是很大，但是我是不想从家里拿钱的，因为不想给家里增加任何负担，所以我就很认真地又给外导发了一封邮件，说明了我的情况。适当地哭穷一下也是可以的，因为外导人很直，你不说他是不会主动提出给你生活费的，你说了如果对方不同意也会很明白地告诉你他的难处，也不会因为这一点对你产生不好的印象，所以大大方方地直接提出请求就行。外导很快就回复我了，同意给我补足差额。我每月也就差150美金，所以他可能也不觉得多吧。当然也是外导人很和善，所以我在这里也要衷心感谢一下我的外导。

还有一个令我高兴的事情就是，原本第一封邀请信上外导说要我出一些板凳费，虽然我此前跟他说了我不应该交任何费用的，可是他说是学院要收的。这个费用我开始以为国家会资助，后来拿到录取通知才知道国家只资助往返机票和每月的生活费。当时我就想自己出就自己出吧，反正我那边消费水平低，还是可以攒出来的。到后来拿到正式通知的时候，里面又附了一封新的邀请信，除了增加了外导给我补足差额的证明外，板凳费也免除了，可能也是外导帮我出了。希望后面的师弟师妹们切记，到美国的联合培养博士生是不需要交任何费用的，一定要跟导师说明情况。当然有些学校强制交就没办法了。

以上就是我的一些个人体会，希望对大家有所帮助。

对外联络信：

Dear Prof ***,

How are you?

I am ***, a first year PhD student in ***, *** University in China.

I am interested in ***（外导的研究方向）. I know you are an expert on surface protein in S. mutans, such as Antigen I/II. Coincidentally, my PhD thesis research is about ***（自己的研究课题）. The Sortase enzyme in the C terminus domain is responsible for anchoring the surface protein to the cell surface and plays an important role in cariogenicity of S. mutans. And I believe the precious experience in your lab will broaden my horizon and bring significant influence to me throughout my life.

In fact, I have read many interesting stories of yours on the website of ***（认识的同学）, one of my best friends and also a co-experiment worker last year. I am really attracted by your charisma and wish if one day I could have the opportunity to meet you.

Right now I am a candidate of a visiting scholar program funded by the China Scholarship Council, who will pay all the expenses, including tuition fees, living expenses, and roundtrip. This program usually lasts 12~24 months. I wish you would kindly accept me and help me to win this fund.

Looking forward to hearing from you.

Thank you.

Best Regards,

***

申请者（网名）	ELE	公派类型	联合培养博士
国内高校	电子科技大学	申请学校	纽约州立大学水牛城分校
时间	20个月	专业	通信

据介绍，"国家建设高水平大学公派研究生项目"是教育部和国家留学基金管理委员会为了配合科教兴国和人才强国战略以及《国家中长期科学和技术

发展规划纲要（2006—2020年）》的实施而设立的公费资助留学项目。按照计划，从2007年至2011年，国家将从清华大学、北京大学、浙江大学等49所重点高校中每年选派5000名研究生，有计划、成规模地到国外一流大学学习，国家将资助入选者在国外学习期间的生活费和国际往返旅费。该项目是着眼于国家未来发展的重要人才战略举措，无论从派遣人数还是从资助力度来看，本次公派计划是自改革开放以来，国家公派研究生规模最大的一次。

从2008年起，公派留学人数有所扩大，其实施方案变更为国家留学基金管理委员会在2008年计划选派6000名研究生出国留学。其中，国家建设高水平大学公派研究生项目5000名，国家公派专项研究生奖学金项目1000名。前者为国家重点大学，后者为任何其他大学，选派类别为攻读博士学位研究生和联合培养博士研究生。国家建设高水平大学公派研究生项目攻读博士研究生的选派比例至少占50%，鼓励联合培养博士生同时获得中外双方学位。国家公派专项研究生奖学金项目攻读博士学位研究生的选派比例不超过50%。

每年实施方案的细节有所变化，即国家建设高水平大学公派研究生项目（5000名）选派类别为攻读博士学位研究生和联合培养博士研究生，其中，攻读博士学位研究生的选派比例应占50%。鼓励联合培养博士生在双方高校协议基础上获得联合博士学位（joint degree）或者双博士学位（double degree）。国家公派专项研究生奖学金项目（1000名）选派类别为攻读博士学位研究生、联合培养博士研究生和少量硕士研究生，暂不设类别比例要求。

从政策上来说，国家是鼓励大家出去攻读博士学位的，而且据说每年公派的读博名额都没有用完。当然，话又说回来，要利用公派出去读博，需要准备的时间更长，你需要取得入学通知书或至少其他一些材料证明你即将取得入学资格，那么就得早早地准备考外语（TOEFL、GRE或IELTS）。而且如果你已经是博士二年级及以上就不能申请攻读博士学位了。而联合培养（资助1~2年）就好申请多了，只要你是学校公费在读博士，年龄低于35周岁，外语水平符合对方单位的要求就行了。你基本上不用花大把时间准备英语考试了，但也有个别学校自己提出了一些对外语的要求。

下面就说说我的个人经历吧。

1. 学校内部申请及选拔

一般来说，学校会有专门的部门宣传相关信息及时间节点，你需要留意自己学校的具体通知及要求。这一点很重要，每个学校的情况都不太一样。一般来说是前一年9月份左右通知大家准备材料，次年3月份左右开始收材料，进行学校内部选拔。联培要准备的材料主要是国外导师的邀请函，以及各种个人材料。相关材料由国家留学基金管理委员会制定，其详细内容可以参看国家留学基金委的网站。但各个学校收每种材料的时间可能不一样，你得根据自己学校的具体规定来准备材料。比如我们学校，初选的时候主要看重邀请函与外语水平，其他材料可以暂时不交。当然在所有材料中比较浪费时间的就是邀请函了，毕竟有的外导太忙，回复邮件或者发送快递不够及时。

我就是因为头一年没有拿到邀请函而没能申请上，实在是遗憾。我的外导（美籍华人）原本就和我们的项目有合作，我开始没有想到利用国家公派出去学习，因此邀请函要得晚，错过了时机。即使没有一点人际关系，自己主动联系同方向的外导也是很有希望的，只要你告诉外导自己是由国家资助，不用对方掏钱，一般他们都会很乐意接收的。我认识的很多同学都是自己联系的，而且还收到了很多邀请函，往往都是最后选一个和自己研究最相关的，也很有名的外导。不过大家一定要提前联系，早做准备，而且最好联系比较有名的外导，国家留学基金委才容易认可。需要注意的是邀请函有特定的一些内容要求，需要参考国家留学基金委的网站，本书也有不少邀请函的模板可以参考。

除了邀请函，就是外语。如果你们学校申请的人多，超过了国家分配的名额，可能就要通过外语来淘汰一些人。当时我也打算去考雅思，提升自己的外语水平，但后来因为时间问题放弃了。我们学校申请的最低要求是需要过英语六级，因为申请的人不多，我们学校的名额没有报满，学校内部就没有淘汰人了。由于我错过了一年，申请的时候已经是博三了，当时还挺担心的，因为学校规定要严格限制博三的申请人数。我的运气很好，学校今年的申报人数没有超额，攻博和联培的比例也是接近1:1，就没有被淘汰。

2. 上报国家留学基金委选拔

学校收集好每个人的材料后，会统一上报国家留学基金管理委员会进行选拔。一般认为国家留学基金委会注重你的国外导师水平高不高，国外导师所在学校在你申请的研究领域成果如何，等等。此外，也会考虑每个申报单位攻读博士学位和联合培养的人数比例，如果攻读博士学位的人多，你学校的联培方式放行的人就多，要尽量达到1：1的比例。此后就是等待了，国家选拔结果一般会在5月公布。我这一年的公布结果表明我们学校也被国家留学基金管理委员会淘汰了一些人。

申请者（网名）	Purdrea	公派类型	联合培养博士
国内高校	四川大学	申请学校	纽约大学理工学院
时间	17个月	专业	高分子化学与物理

我申请公派有两个原因：一是我这个人比较懒，懒得去考托福和GRE。我认为如果能考过英语可以直接自己申请，不仅能拿到国外学校高额的奖学金而且还可以给我们国家省点钱。所以这边建议考了托福和雅思的最好自己先申请，如果没成功再转申请国家公派读博。其实没考托福我觉得还是有点遗憾，我现在每天拼命提高英语水平，听VOA常速英语还是会觉得好吃力。二是我想换个课题做做，多学点东西。

我现在简单说下自己申请的过程吧。

1. 准备个人陈述和个人简历

我的个人陈述是直接贴在邮件里。首先介绍下自己，然后简要说明国家公派留学的这个项目，这里要跟对方强调国家会资助生活费，外导只需要给你一封邀请信。这一点我觉得比较重要，免费的，这会降低外导的经费支出，对方会比较有兴趣继续往下看。再介绍下自己的研究背景和掌握的一些实验技能，主要是告诉对方你能帮他干什么。我的个人简历是个人的基本信息加个人简要的研究经历、发表的文章和获得的奖励。

2. 选导师投个人陈述和个人简历

这个我觉得可以有两种方法，一是直接查看文献里面的通信联系人，还有

一个是到学校网页上去找。如果还是想从事同一个研究方向，那建议从自己常看的文献里找，毕竟看过那么多文献，本领域知名学者应该知道些。找到后通过网络查一下导师最近发的文章，一是更深入地了解导师情况，还有一个是了解下对方最新的研究情况。看完后可以稍微修改下自己的个人陈述，这样成功的概率更高。

3. 个人的申请情况

最开始投的回复率还是挺高的，其中就有耶鲁和现在的学校，还有瑞典皇家工程院和法国的老师（对方是我现在这个研究方面的顶尖学者）。因为耶鲁的那位老师有意向，当时我就专心跟他联系，申请免除学校的板凳费5000美元，对方试图帮我申请奖学金来免除，结果没成功，只能放弃。耶鲁梦破掉后，我就转而专心从各个学校主页上找自己专业方面的导师。但是美国前二三十名的名校，基本上没有专门做高分子的导师，相关专业导师的研究一般附属于化学学院或者其他相关学院，还往往偏医学方向，所以申请的时候遭拒很多次。后面不得不重新跟现在这位老师联系，老师组上原本就有不少中国人，在《科学》杂志上发过两篇文章，本专业的其他顶尖杂志上发表文章颇多。

4. 建议

（1）发邮件的时候还是要有选择性地投，不要一窝蜂地不管哪个国家哪个方向只要沾点边的就投。曾经也有人跟我说不管三七二十一先投100封再说，管他是哪个国家哪个方向的，先有人要你再说。我觉得这样做有几个缺点：第一，邮件回复率低；第二，浪费时间；第三，容易给外导一种坏印象；第四，自己不想去的国家你也投了，即使导师要了你，自己不想去也是白投。应该扎扎实实地认真研究下你想选的某个导师的研究情况，然后有针对性地修改自己的个人陈述，再投出去，效果会好得多。（2）选导师的时候还是尽量选择去英语系的国家。因为现在英语是国际通用语言，如果去英语系的国家，至少可以增强自己的英语能力，对自己以后的学术及个人发展都挺有用的。如果去非英语系国家，还要学当地的语言，学英语已经花费我们很多时间了，如果再学一门外语，能够用来科研的时间就更少了。（3）从我的申请情况来看，感觉美国一般都不怎么缺人，特别是好的学校，申请的人太多了，所以会比较挑，主要还是看你过去能不能帮他干点事。而欧洲比较缺人，一般申请会更容易。（4）同时有几个外导有意向的时候，我是采取只跟单一导师联系的方式。比如我在申请耶鲁时，直到后面那位导师跟我说不能帮我申请奖学金来免掉5000美元的板凳费，我才开始跟其他有意向的老师联系。当然也有些人是同时跟几个导师联系，同时要邀请信。这个就看每个人了，不大好提建议。（5）如果去消费比较高的城市，我觉得还是可以大胆地向外导要些补助，对于他来说一个月给你几百美元并不算多，因为请个博后就是几千美元，你过去相当于免费劳动力。

附个人陈述

Dear ***,

I am ***, a 1st year PhD candidate studying at *** in China with exam-free recommendation. I'm supported by a Chinese National Fund, which will support PhD candidates in China to go abroad to some world-class universities of their fields and will students' cover living cost abroad. So I'm writing to see if you can give me a chance to study in your lab. May I do the research about polymer synthesis for you or is there some other program I can join in? I plan to stay 15 months in your lab from September 2010 to December 2011.

My research area is mainly about biodegradable polymer materials. I did much research on the ***. Besides this, I have also took part in ***. Owing to my hard work, I have published a paper named "***" in the journal ***. Besides, I have finished two other English papers and begun to write my fourth one. Therefore, with the enthusiasm and some background khowledge about the research, I hope I would have the opportunity to work in your group.

From my four years research (two years as undergraduate student and two years as a master student), the most important thing I learned is how to do research and how to solve problems. Maybe I haven't done research in this field, but it doesn't matter, I know how to guickly learn to do it. Maybe I don't know how to use this

instrument, but it doesn't matter, I know how to quickly learn to use it. Knowledge is unlimited. No one cannot learn all knowledge. What we need to do is to learn the method of how to get the knowledge we want. This is the most important knowledge I get as a master student. So I have the confidence to do it well if I have the opportunity to do the research in your lab. I believe that, if given the opportunity to work in your research center, I will take great advantage of my knowledge and skills in polymer and be a professional polymer researcher in your lab.

My CV, recommendations and papers are attached to this email. I sincerely want to study in your lab and hope that you can give me the chance. If you have any further questions, please do contact me. I will appreciate your prompt reply. Thank you!

Yours faithfully,

***

邀请信：

Dear ***,

This letter confirms our verbal discussions that you are warmly welcomed into my laboratory to perform research towards your doctoral dissertation at the Polytechnic Institute of New York University (NYU-POLY). As a visiting scholar, you will not be required to pay tuition or fees to NYU. I understand that this visit is part of a China Scholarship Council (CSC) Joint-Training Program, with financial support from the CSC at $1,100 per month. I will augment your funding from CSC by providing you $300 dollars per month. Furthermore, you intend to work on a project using ***. During your stay, I will serve as your advisor.

It is understood that you will arrive around September 2010 to begin your visit and research at the Polytechnic Institute of NYU. Furthermore, you will be with us for 17 months and will return to China around January 2012. During your stay, we will provide you with required laboratory space, advisement, a stimulating environment, and an opportunity to interact with many other scientists that are working in the field of ***.

Your ability in the English language is suitable for PhD-level studies in my group and at NYU. For my records, I have your birth date as July 21th, 1984 and you are from ***. We look forward to your visit to NYU. If you have questions, don't hesitate to contact me. We will do everything in our power to make sure your stay is enjoyable and productive.

Sincerely,

***

申请者（网名）	魔域雪原	公派类型	联合培养博士
国内高校	西南交通大学	申请学校	密西根大学
时间	24个月	专业	信息安全

对在读博士或者即将打算出国攻读博士学位的同学来说，一年一度的国家公派研究生项目是一个不错的选择，也是我们学习生涯中的一件大事。申请出国的人数逐年增加，同时很多打算申请的同学由于缺乏经验与指导，总觉得有点无从下手。为了回报曾经帮助过我的前辈，也为了给师弟师妹们一些可供借鉴的经验，以下是我申请过程中的一些体会，以及一些可能会有用的建议。不足之处，请大家谅解！

首先，国家公派分为两种：国家建设高水平大学项目（5000名/年）和国家公派研究生项目（1000名/年）。前者必须是985院校或者签约学校才有资格申请，后者是任何大学的学生都可以申请。西南交通大学为非985院校，因此只能参加后一种项目。以下内容部分只适合于交大学生，有些也适合其他学校的同学，主要涉及联系国外导师院校和准备申请材料。签证和行前准备等将有专门的板块，以下不涉及此部分内容。

国家公派申请材料递交到我们学校的日期是每年的3月15日左右，其中，申请材料中最重要也最麻烦的一项就是拿到国外导师的邀请函。一般情况下，在头一年9到10月份开始就要联系国外导师了。我觉得主要有以下两种方式认识国外导师：

（1）国内导师介绍。如果国内导师与国外导师有一些项目或者学术上的交流，且国内导师愿意推荐，那么选择国内导师推荐的国外导师无疑是一个比较省力的方法，而且成功率也比较高。

（2）自己发邮件联系。我就是自己联系导师的。平时看文献的时候，要多注意一下文章的作者，尤其是那些顶尖期刊文章的作者。不妨看看别人的主页，一方面可以了解对方的研究；另一方面一部分学者还会把自己的一些文章放在主页上，咱们有需要的时候，可以直接用现成的；再一个用途就是看对方是否招学生，在申请公派项目联系导师时就会派上用场。我就是通过此方法联系上国外导师的。

一般出去读博士的比较看重学校的名气以及学科的实力，普遍存在选学校的情况。但我是联合培养，主要看对方导师的专业和自己是否一致，因此不是很关心学校，而是关心导师的专业。有一点要注意，如果去美国或者英国，在后面办签证的时候可能会稍微烦琐一些。

通常要花一周到一个月的时间来整理可能要联系的导师的情况，而由于我平时看文献的时候就保存了相关导师的主页，处理起来就方便一些。下面要做的事情就是把自己觉得可以考虑的导师的联系方式、主页等归类，按照从最想去的到最不想去的原则进行排序，然后从第一个开始发邮件。发邮件时要注意，一般来说是一个一个地发，如果对方拒绝了，再发另一个。但这样处理可能需要等待较长的时间，因为有些导师可能很久才会回复，甚至根本不回复。有些同学同时向几个导师发邮件，甚至最后拿到几份邀请函，再挑选其中一个。个人不推荐如此做法，此法就像是一稿多投一样。如果时间紧，也可以稍微变通一点，但是一定要注意，千万不要同时给一个学校的几个老师发，万一被他们知道，诚信就存在问题了！以下是我的第一封邮件，作为大家的参考：

Dear ***,

I am XXX, a 2nd year PhD student in Laboratory of *** at Southwest Jiaotong University, Chengdu, P. R. China, and will graduated at 2012. I am very interested in your group researches as my doctoral graduate research is ***.

Now I have an opportunity for application of the "Chinese Top University

Gradate Students Studying Abroad" program, which will be sponsored by Chinese Scholarship Council. This program will support those 1st or 2nd year PhD candidates in China to go abroad to some world class universities of their fields. Chinese Scholarship Council will sponsor the international traveling expenses and living cost during studying abroad. I'm writing to you to see if you can give me a chance to study in your group.

I have been doing my research on *** for more than one year. During the past year, I have learned the basic knowledge of ***. And I have also gained great interest in ***. Luckily enough, I find that your research suits well my research interests which will definitely broaden my vision and perspectives. I believe that it will be possible for me to make more contribution to your laboratory under your supervision. I will be a full-day student working in your group for two years. I am not supposed to acquire my doctor degree at your esteemed university. After finishing my program which will be set by both you and my academic supervisor, I will get my PhD degree at Southwest Jiaotong University. I believe that, if given the opportunity to join your team, I could be of great help in your research.

All I need is an official invitation letter from you (or from your University). The data of enrollment I am considering is September/October 2010. In order to make sure I can catch up with next year's program, I have to prepare all the application staff (including your official invitation letter) before 01/2010. And because it will cost a long time to mail your invitation letter from your university to China, so I really hope you can respond me as soon as possible to make sure I can receive your letter on time.

Thank you for your kindly consideration. Greatly looking forward to hearing from you soon. Attached is my brief resume. If you need any other information or materials, please let me know promptly.

With kindest regards,

***

发完邮件，我们唯一能做的就是等待，不要再发送邮件问对方是否有收

到，别人不回复一般就是没戏了。在等待的过程中，对方导师可能会让你提供一些材料，希望对你有个比较好的了解，然后再做决定，有时候还可能会有电话面试，尽量放开些，诚恳以待就可以了。一旦对方同意，马上向对方要一份正式的邀请函。一般从国外寄平信过来需要一个月以上，我的就花了一个半月，因此为了保证能赶得上次年3月份的申请，最好让导师先发一份扫描件过来。向国家申请的时候不需要提供原件，扫描的就可以。要特别注意，国家留学基金管理委员会对邀请函有明确的要求，必须按要求来填写，并且打印在带有学校或者学院抬头的专用纸张上。可参见国家留学基金委的网站以及各学校的通知。在等待邀请函的同时，可以办理以下相关手续：

（1）成绩单。

如果本科也是交大的，那么可以登录本科教务网，在主页左边查询自己的本科成绩单，并且下载中英文本科成绩单模版，按照要求正确填写。如果科目较多，一页无法填写完，就省去一些不必要的科目，比如体育。填好后打印一份，去犀浦校区一号楼本科教务处核对，核对完后，去楼上教务处处长办公室复印、盖章。学校规定5份及以内收取办理费50元，建议一次性复印5份备用。如果本科不是交大的，需要回自己本科学校办理；如果硕士不是交大的，也需要回原学校办理。硕士成绩单和博士成绩单的办理一样，都是登录研究生网站主页查看成绩，下载成绩单模版，按要求填写好。打印出来先拿到交大老校行政楼研究生培养办核对，核对完后去研究生院办公室盖章，同样需要交几十块钱手续费。研究生院办公室不提供复印服务，需要自己准备所有成绩单，建议也各自复印5份备用。

（2）在读证明或者学籍证明。

我们交大的是在研究生院网站下载在读证明模版，按要求填写好，先找学院辅导老师签字确认，然后拿到研究生院办公室盖章（和成绩单盖章的地方一样）。最好多开几份，以备不时之需，我就多跑了两趟。

（3）大学公派研究生项目申请表。

在研究生网站上下载，按要求填写好，找国内导师和学院领导签字盖章。此项只针对交大的学生，其他学校不知道是否有这一部分。

（4）国家留学基金管理委员会出国留学申请表。

在国家留学基金委信息管理平台上注册登录，按照要求填写相关内容，然后打印、签字，最后一页需要学院主管领导签字盖章。

（5）国际旅行健康证明书复印件。

这个证书在成都桐梓林北路国际旅行健康中心办理。由于要验血，必须早上空腹去，大概要交几百块钱，如果要注射疫苗，可能还要多些。一定记住，在体检前一周，尽量早睡早起，不要熬夜，不要喝酒抽烟。我自己第一次去就是由于熬夜过度，导致有一个指标不合格，最后又等了一个星期再去复查，花钱不说，还得多跑一趟。

（6）研究计划。

如果是联合培养，还需要准备一份研究计划。写好研究计划后，要给对方导师看看，征得对方同意。虽然研究计划不一定非要外导签字但最好还是让对方导师把邀请函和签了字的研究计划一同邮寄过来。以下是一份模版：

Research Plan for Visiting PhD Program
Southwest Jiaotong University

Name	Surname:	First name:	
Sex		Date of birth (yy/mm/dd)	
School/ Department		Major	
Domestic supervisor		Hosting country	
Hosting university		Hosting faculty or department	
Hosting supervisor		Research area	
Duration of study		from ( ) to ( )	
RESEARCH TITLE:			
RESEARCH BACKGROUND:			

续表

THE PREPARATION WORK OF THE PROJECT IN CHINA:	
EXPECTATION GOAL:	
RESEARCH METHODS:	
THE SCHEDULE OF THE RESEARCH PROJECT PLAN:	
THE STUDY PLAN AFTER RETURNING TO CHINA:	
SIGNATURE OF DOMESTIC SUPERVISOR: Date(yy/mm/dd):	
SIGNATURE OF HOSTING SUPERVISOR: Date((yy/mm/dd):	

（7）其他材料。

身份证复印件（正反面一起复印到一张A4纸上），最高学历证书复印件，推迟答辩证明（如果无法按时毕业的需要，博一博二的一般不要），主要成果清单，国内外导师简介，获奖证书复印件，外语水平复印件（有托福、雅思或GRE最好，没有的需要考WSK，四川地区可以注意川大外语培训中心的报名通知，一年两次，4月12日到16日和10月11日到15日）。

等以上材料都准备齐全了，所有材料一式三份，能够提供原件的最好用原件，比如成绩单什么的，复印的可能不够清楚。把所有材料在学校规定的时间之前，交到交大新校区图书馆605房间。那里的老师会帮你整理，如果有什么问题，会通知你重新弄，因此最好提前点交，免得到时候有问题来不及重新做。至此，申请的事情就告一段落，学校会把所有材料邮寄到北京，等国家留学基金管理委员会审核。此后唯一能做的就是等待消息了，大概等到5月中旬左右，委员会的主页上会公布录取名单。随后，委员会会给每个学校发各个学生的资助证明及其他材料。等学校收到这些材料后，会召集大家开会，讲解一些必要的情况和办理签证等信息，等开完会，就可以准备材料办理签证了。关于签证的办理以及行前准备，将有专门的板块介绍，此处不再赘述。

还想特别提醒大家的是，如果从准备材料开始算时间，到离开国门大概需要接近一年的时间，在这一年当中，有很长的时间都是在等待消息，因此大家一定要摆正心态，不要看得太重，等消息的时候该科研还得科研，不要荒废了科研，最后反而可能得不偿失！

申请者	吴欣桐	公派类型	攻读博士
国内高校	四川大学	申请学校	德国埃朗根–纽伦堡大学
时间	36个月	专业	临床医学（神经病学）

关于出国的具体流程，不管是国家留学基金管理委员会网站内容，还是本书前面部分都有很清楚的说明，这里就不赘述了。我主要想谈谈自己的一些感受，希望可以对大家有所帮助。

1. 邀请信的获取

拿到国外教授或者大学的邀请信是非常关键的。现在被重点提及的是"三个一流"——一流的国家，一流的大学，一流的教授。所以在联系国外的大学和教授时，要多从这三个方面着手。特别是世界知名大学的知名教授，在学校递交申请资料被审核时，具有明显优势。

2. 语言

就我的经验来说，语言很重要。一方面，在申请资助时，都是公事公办，好的英语水平就有更多的优势获得国家资助。另一方面，语言也是在外学习的关键，这个道理不言而喻。当然，也有一些同学出国以后跟随的导师是华人，日常沟通仍然可以用中文，但是课程的学习、资料的阅读、文章的写作等都离不开英语。所以，同学们，英语还是要好好抓抓！而且，想要认识更多的朋友，学习更多的知识，开拓自己的眼界，语言真的很重要！

知道我去过德国的朋友都会问我：你的德语一定很好。很汗颜，我只会几句简单的德语。原因是德国是个英语交流无障碍的地方，更重要的是我当时申请的时候就要求了英语论文和答辩。所以，有意愿去欧洲的同学，如果多会一

门其他语言更好，但即便不会也仍有机会用英语进行学习和研究，仍然可以考虑申请欧洲的学校！

3. 生活能力

在出去之前，还是要具备一定的生活自理能力。当然，也可以出去后再慢慢锻炼。只不过，如果已经有了这方面的能力，也许在外生活会轻松些。特别是出去攻读学位的同学，时间要长得多，要想生存，或者想更好的生活，那么有机会的时候，在家不妨多多锻炼自己。在外生活，多数时候只能靠自己！

4. 我的出国经历

首先，人有的时候不得不说运气。我的运气就在于，当时博士导师就曾在德国留学，所以，沿着这条线，我获得国外的邀请信并不是很困难。按照对方大学的要求，准备各项材料，提交申请，一路下来，除了有些琐碎，其他的倒不是非常困难，就是按部就班地走流程。也许，德国的严谨也体现在这些地方，只要根据他们罗列的条款来办理，除了时间慢一点，工作细一点，手续烦琐一点，最后还是好的结果。但是一定要注意：德国的办理节奏有时候不像国内这么紧凑，要预留足够的时间。

其次，就是行前准备。以我这个"随遇而安"的性格，真的没有什么太多的准备，临出国之前都是"昏沉沉"的。毕竟要处理的事情很多，要安排的事情也很多，以至于现在有朋友聊到出国前那段时间的事，我都有些恍惚……但是在出去之前，最好问问之前在那边学习的师兄师姐或者其他朋友，了解一下人文、地理、注意事项等各方面的内容，多少会有用处。

最后，就是顺利出去，平安回来。关于签证材料的准备，完全按照领事馆的要求来就是。我当时需要面签，所以还紧张了一下，其实现在想来似乎完全不必紧张，只要按照要求准备了相应的文件，最后总会通过的。机票的购买是由国家留学基金管理委员会负责，所以也不需要操心，只要定了时间，提前报给那边的负责老师就好。

如果大家有什么疑惑，能够回答的，我一定毫无保留，我的邮箱是：36853839@qq.com。

申请者	蔡雨龙	公派类型	联合培养博士
国内学校	四川大学	申请学校	日本东京大学
时间	15个月	专业	临床医学（外科学）

我是博士研究生一年级入学的时候（2014年9月）开始申请准备，并于2015年5月份获得公派联合培养资格。2015年9月至2016年11月在日本东京大学医学部/附属病院的肝胆胰外科学习。

一、做好充分的准备

机会是留给有准备的人，也是留给怀揣梦想的人。我在读硕士研究生的阶段就留意到了学校的公报：一部分师兄和师姐获得了留学资格。幸运的是，其中一位师姐是我本科阶级在医院实习时就认识的，我问了她很多问题，了解了我想申请的公派留学每一步需要做的工作。如果有公派留学的想法，询问前辈是最直接的办法。同时，自己也要到国家留学基金管理委员会官方网站去进行了解。

二、日本留学在准备上的不同

一般留学前往的国家以美国居多，去日本留学的比较少，因此我也是自己在摸索中慢慢了解和掌握的。

申请的必备资格，不外乎两样，语言成绩和接收函。

语言方面，国家留学基金委对日语的要求是N2，即日本语能力考2级。如果你使用英语成绩申请也是可以的（要求和别的国家一样），但要注意的是，在日本学校接收函里面一定要明确写清楚工作语言是英语，等获得留学资格后再参加日语培训班。但是，日语2级甚至1级在日本生活其实都是远远不够的。日本人的平均英语水平并不高且口音比较重，只用英语交流会很困难，也非常影响你深入体验日本文化和日常社交。因此要是真正想在日本好好学点东西，建议早点开始学习日语，多下点功夫，一定会有更大的收获。

获取接收函的方式，联系外导等应该和申请其他国家大同小异，我将在下面一点详述。

因为本人是临床专业，我想强调的是，日本医学在基础科研上其实并不算特别强，但是日本的临床水平非常高。如果有志于到国外学习临床技术的，日本是首选推荐；若是想提高自己科研水平，还是建议去美国进修学习。

三、申请过程中的重点

（1）邮件联系日本导师。我本人是直接在东京大学的官方网站找到我的专业教授的信息。随后我通过查阅教授的文章获取了邮件地址。然后我就将自己的个人简介以及留学项目介绍，通过邮件发送给了教授。个人简介以及邮件模板可在网络上查找，也可以直接向成功申请的师兄师姐索取。别担心邮件石沉大海，日本的教授都非常和善，他们拿到邮件后都会认真阅读并且回复。

日本导师有一定意向后，一般会和科室其他人先进行讨论，如果他们认可了，就会同意你的申请。对方有可能会对你进行一场面试，当然也可能不面试。我申请的日本科室碰巧在当年11月份要来成都开会，因此对我在那个时候进行了一个简短面试。我幸运地通过了面试。之后的一切手续，都是日本导师让秘书联系我的，对方帮我安排相关手续和所需资料的准备工作。

（2）语言成绩。我申请的时候同时上报了英语和日语成绩。因为我早在2008年考取N2后，就再也没怎么学习日语了，因此对日语的信心略显不足。而国际上医学的交流，主要是使用英语，我就同时准备并考取了PETS5，达到了国家基金委的公派留学标准。英语和日语成绩同时申报，会大大增加成功率，这可以表明你的一种态度。基金委专家评审组淘汰人选时，一般不会淘汰日语和英语都好的人。如前所述，在日本学习不一定非要学会日语，但是如果你想深入学习并感受日本的文化，日语的学习真的是必不可少的，强烈推荐大家在日语上下点工夫。

（3）文章与交流。我申请的时候有三篇文章。一般肯定是越多越好，但是日本老师会更看重一个人努力踏实上进的品质。在和日本老师沟通的过程中一定要谦虚礼貌，日本的文化特别看重这方面。

（4）整体规划。前期的语言成绩以及对外联络信笺，最好在1月份前全部搞定，后面就有精力专心写留学科研计划等。一定要早早开始准备工作，最好在前一年的9月份甚至更早就开始。日语在每年7月份和12月份有两次考试，建议早早了解和学习，拿到成绩还要2到3个月，所以7月份考试是最合适的，9月份拿到了合格成绩就开始与外导联系，联系成功就开始学校申请。如果使用英语成绩申请，那就比较灵活自由了。但是PETS5，一年也只考两次，我当时是直接做真题，不停地练习听力。PETS5的听力必须要达到18分才算达到留学基金委要求，所以在听力方面要多下点功夫。

学校内部竞争结束，大概在2到3月份开始向国家正式上报，会有很多烦琐的事情，如果在这个时候才开始联系外导，会让人非常难受。建议一定要早早结束前期工作，这个时候就专心于办理国家申请的事情。可以多去留学相关论坛如丁香园或小木虫问询意见。

此后是5月份出结果，6至8月办理手续，9月出国。

（5）在日本学习的特点。在日本学习，要有充分的准备面对并接受冷漠。因为日本人之间的相处表面上是很冷漠的，除了聚会喝酒后。不像欧美和国内，人与人之间很热情，日本同事之间都是相互谦让的，这是他们的文化。所以可能需要一个适应过程，千万不要太在意他们表面上态度的疏离。不过日本人做事情非常认真，执行力很强，你交代的事情他们一定会做得好好的，完全不用担心。同样他们对你也会是这个要求，一定要踏踏实实落实每件事情，不然表面上不会对你说什么，但是他们的内心会开始不认可你。

日本的学习生活会非常充实和繁忙，一定要有充分的心理准备，不过真的可以学到很多东西。最后送给想前往日本留学的同学一句话，也是日本人常说的一句话："人可以不聪明，但是不可以不努力。"只要你踏踏实实努力，做好充分准备，拥有浪漫樱花的日本一定会欢迎你的到来。

申请者（网名）	曦	公派类型	联合培养博士
国内高校	四川大学	申请学校	英国帝国理工大学
时间	12个月	专业	临床医学（外科学）

我喜欢化繁为简，故本文力求简单明了。申请国家公派不是那么麻烦，关键在于平时的准备。

国家公派分两种：国家建设高水平大学项目（5000名/年）和国家公派研究生项目（1000名/年）。前者是985院校或者签约学校才有资格申请，后者任何大学的学生都可以申请。换言之，就是申请的时候，985院校的同学可以想去哪儿就申请哪儿，非985院校的同学申请前则需要注意那些限制条件。

严格讲申请分三步走，分别是准备工作、联系外导、准备材料。

准备工作：个人认为这个最重要，决定了你的成败。罗马不是一天建成的，至少在正式向学校递交申请前半年，你心里就应该做好完备的打算：要不要出国，出去具体学什么，出去后我将来的规划是怎样的，出国的一些必备硬件（雅思/托福+G/文章/国内导师的认可），等等。如果上述问题没有想好，或者硬件条件不够，那么你申请时将比别人更费力。

联系国外导师：这个步骤的关键就是在国家规定的截止时间前，得到外导的邀请信。这与之前的准备工作关系极大。尽早通过自己的毛遂自荐或者现有可利用的各种关系与自己感兴趣的国外名牌大学的知名学者们建立联系，然后发邮件，告诉他们你是一个具备各种硬件条件而且有中国政府支持的优秀学生，想去他们那里免费为其打工。这件工作你开始得越早，投出的个人简介越多，成功的概率就会越大。最后啰嗦一句：不要用网上的模板去写申请信，尽量自己写。如果你的硬件准备中英语过硬，那么你成功的概率会更大。

准备申请材料：个人认为这个步骤没有太多技术含量，按照国家规定列出的清单依次准备就行。资料写得简明扼要、实事求是就好。所有资料准备好后，记得全部扫描保存，免得再有需要时再跑一趟。

本文为个人观点故普遍性可能不强，不足之处，请大家批评指正。我的邮箱：Feng-xi@hotmail.com。

3
签证部分

本章主要为大家提供一些在美国领事馆签证的基本常识和相关材料准备备忘录，第3.3节提供了现场实录般的签证经过，试图为后面同学们的签证提供一些经验和教训的总结。

3.1 签证基本知识

3.1.1 什么是签证？

签证，是一个国家的主权机关在本国或外国公民所持的护照或其他旅行证件上的签注、盖印，以表示允许其出入本国国境或者经过国境的手续，也可以说是国家颁发的一项文件证明。概括来说，签证是一个国家的出入境管理机构（例如移民局或其驻外使领馆），对外国公民表示批准入境所签发的一种文件。

3.1.2 什么是美国J-1签证？

持J-1交流访问学者签证可从事各种不同类型的活动。通常，这一签证类型用于促进教育、艺术以及科学领域的人员、知识和技能的交流。参加者包括各种层次的在校学生；各企业、机构和办事处的在职培训人员；中、小学以及各类专业技术学校的教师；赴高等教育机构任教或从事研究工作的教授；专门从事研究工作的学者；赴海外医疗或相关机构进行职业培训的人员；以及赴美进行下列活动的国际访问学者：旅游、考察、咨询、研究、培训、共享或示范专业知识或技能，参加有组织的个人对个人交流项目。

J-1和J-2签证申请人在其交流项目开始之前的任何时间都可以被签发签

证，因此使馆建议J类签证申请人尽早提出申请，以便预留足够时间进行必要的签证审理程序。此外，交流访问学者签证的持有者只能比项目初始日期提前30天或更少天数入境美国。返美继续同一交流项目的申请人不受此限制。

对交流学者签证的特殊规定：

学术准备工作。J类签证交流访问学者必须有足够的学术准备和英语知识以保证申请人在接收其的教育机构完成整个学习过程。如果申请人的英语水平不足以让其完成整个学业，申请人必须出示文件证明接收学院已为其安排了特殊的英语语言课程。

医学专业的教育和培训。按照J类签证交流访问学者计划参加医学专业本科学习或培训的人员必须符合几项特殊规定，包括必须已通过外国医学专业学生考试并有足够的英语语言知识。他们在访问计划完成后如无特殊规定将受"两年美国国外居住要求"的限制，并必须在访问计划的期限到达前离开美国。作为交流访问学者赴美进行考察、咨询、教学或研究活动但基本不行医的医师不受上述规定的限制。

3.1.3 什么是美国F-1签证？

F类签证（即留学签证）的签发对象分别为：F-1——留学者（即自费留学者）；F-2——F-1签证获得者的配偶和子女。简单来说F1签证是颁发给出国读学位的留学人员的签证。

3.1.4 签证预约

一般理工科目都会被行政审查，所费时间2～4周不等，甚至可能会需要更长的时间，因此在保证能于面谈前拿到所有必需材料的前提下，要尽量提早预约，如果可能，尽量避开7、8月份的高峰期。当然，成都的签证面谈在时间方面相对来说不是很紧张，大家也不用过于担心。

预约非移民签证面谈，拨打签证话务中心电话4008-872-333。给签证话务中心的电话每12分钟收费人民币54元，大多数预约电话都能在12分钟内完成。有以下两种付费方式：

中信银行：到中信银行支付签证申请费时，申请人可以直接购买签证话务中心的电话卡。

登录网站 www.usavisainformation.com.cn，通过信用卡或借记卡号码付费。

若从美国预约，拨打电话（86-21）3881-4611。

预约签证需要提供护照号码、名字等，预约成功后会给出具体时间和个人的预约号，须妥善保存。

续办签证：如果你符合以下所有要求，无须预约即可前去领事馆面谈。

（1）续办F、J或H签证；

（2）上一次签证过期不到12个月；

（3）曾持上一次签证去过美国；

（4）欲返回相同的学校、机构或工作单位。

符合该项服务要求的申请者可以在周一、周二和周四上午10:00以前带上申请材料和证明文件到领事馆接受面谈。

3.1.5 交纳签证费

签证费必须到中信银行交纳，交纳时需要携带自己的护照，交纳成功后会出具两联收据，一联会交给大使馆，另一联需要个人保存，并上交国家留学基金管理委员会报销签证费。

3.1.6 签证所需材料

具体要求可参考成都美国领事馆的网页：http://chengdu-ch.usembassy-china.org.cn/visas.html。

下面将特别列出由国家留学基金管理委员会资助公派出国的同学需要准备的材料，大家可根据自己的实际情况选择。

3.1.6.1 必要材料

（1）DS-160表格的确认页；

（2）本人有效护照，护照末页要有本人的中英文签名，包括已失效的护照；

（3）中信银行签证费收据和学生和交流访问学者信息系统（Student and

Exchange Visitor Information System，SEVIS）费缴纳收据；

（4）I-20表格原件（F-1），DS-2019原件（J-1）；

（5）邀请函原件（J-1），录取通知书（F-1签证需要）；

（6）同DS-160表上传的照片：一张于6个月内拍摄的尺寸为51毫米×51毫米的正方形白色背景的彩色正面照。

3.1.6.2 补充材料

（1）本人在读证明/学历学位证原件；

（2）封口的成绩单原件2份；

（3）银行存款证明原件以及相应的存单；

（4）父母的工作及收入证明（中英文对照的原件）；

（5）资金方面的其他材料，如债券、房产证、机动车产权证、投资证明等（全部原件）；

（6）个人简历；

（7）学习计划（J-1签证很重要）；

（8）GRE，TOEFL成绩单原件；

（9）将来学习的专业或项目的介绍（学校相关介绍网页）；

（10）本人曾发表的论文及出版物等；

（11）国内导师和国外导师简历（主页打印）；

（12）和国外导师来往的邮件打印件；

3.1.6.3 注意事项

首先，请证明自己是一个真正的学生。必须要有证明你已经被美国大学录取的表格以及录取学校的接收函。此外，所有与美方学校之间的书信或邮件都可以带上，并带上已制订的详细的学习计划。总之，要能完整地说明自己出国的目的。

其次，必须要有详细的资金证明，证明你能在美国顺利完成学业。要么证明自己拿到了足够的奖学金，要么就证明自己的父母有经济能力负担学费和生活费。要证明父母的经济实力，不一定非要一张银行的单据来证明父母近期有一笔很大数额的存款，最好能够拿出能证明父母有稳定的职业和收入的材料。

最后，必须要能证明自己无移民倾向，到美国是为了学习，有足够的回国理由。关于这一点，你需要制订相对详细具体的归国计划。具体的准备工作因人而异，常见的比如你在国内有大笔的财产，或者你已经在国内成家等，这些都是足够让签证官信服的理由。

签证部分有专门的板块讨论，此处不再赘述。更多资讯可以参考：http://emuch.net/bbs/viewthread.php?tid=2219430&fpage=1。

3.1.7 资金证明

出具资金证明，就是要向签证官证明申请人有足够的资金支付其在美学习期间的一切费用。关于证明的形式没有硬性规定，申请人只要提供有足够说服力的文件即可。资金证明的文件是环环相扣的，哪一样都重要，不是只有某一样就可以了，这是一个不能割裂的组合，必须是相关的证明都在一起了，才能构成无法反驳的说服力。

最常用的资金证明文件如下：

（1）存款证明及其等同效力的证明；

（2）父母收入证明；

（3）银行存折；

（4）房产证等；

（5）户口本及同等效力文件。

接下来将分别分析五种文件的作用及效力。

3.1.7.1 存款证明

存款证明（Deposit Certificate或Certification of Deposit），即由银行出具的，证明有一定数额的钱存放在银行的证明。虽然不同的银行有不同的格式，但是可以肯定，银行一定可以出具这类文件。需要注意的是，并不是每个银行网点都清楚应该如何开具资金证明。比如，一些小城市的支行就可能不会办理该类业务，因为几乎没有办理过，这时可向分行查询，可以自己电话咨询，也可以要求支行经理代为询问。

关于存款证明有以下几点注意事项：

（1）国内银行所开具的存款证明一般是没有所谓的"签名"的，原来多是加盖公章，没有银行主管的签名，不过这两年银行开通了这项业务，也加上了银行主管的签名。申请学校时，有些会要求学生提供有银行"Director"签名的存款证明，其实用只有公章的存款证明也是可以的。

（2）开具存款证明，一般只有资金被冻结，或存为定期银行才会开具证明。冻结和定期的不同在于，冻结是指资金被锁定了，即在冻结期内，不能取出这笔钱；定期则可以在存期内取出，只是利息会被按活期的利息计算。因此，其证明资金稳定性的效力就会有所不同，显然冻结的效果比定期要更具可信性。当然，定期的资金也不见得没有说服力，正如上文所说，资金的证明是一个不可割裂的组合，下文还会分析这个问题。

（3）存款证明来自不同的银行也是可以的，并不需要刻意把钱都转到一个银行。

（4）存款证明的存期及金额应该如何确定。一般金额至少要大于I-20表格上要求学生承担的额度，存期以半年以上较好。若是金额远远大于I-20的要求，能证明有十分充足的资金来源，签证官基本上不会提出质疑。不过别把车、楼全部都卖了，这样可能会让签证官觉得你有移民倾向。存期在半年以上，往往能够充分说明存款是稳定的，而不是外借的；但存期不足也并不可怕，只要能证明钱是稳定的就行。例如若钱是刚从其他地方转移过来的，给出相关的转移证明即可（一般是银行存折证明）。

（5）存款证明必须是中英文对照的，把这个要求和银行说明即可。存款证明的时间最好能持续到签证后、开学前，但也并不需要严格满足。关于与存款证明同等效力的文件，一般指在证券市场的投资，如股票、基金；这些资产的流动性介于存款和不动产之间，可以作为存款证明的补充文件。例如钱在股票或基金账户上，或是购买了银行的理财产品，让银行开具详细的交易记录（至少要有1~2年），证明这些钱是稳定的即可。此外，保险也算是一种资金证明。只是保险的种类有很多，而且除了投资连结型的险种外，其他保险不存在充足的流动性，即只有通过退保的方法才能返还现金价值（资金）。因此在一般情况下，保险的效力大概和房产相当。

需要特别提醒大家注意的一点是，当你的资金证明与大多数不一样时，请做好解释的准备。比如曾经有一位网友提供的是外币的资金证明，就被签证官问起为什么会是外币，当时这位网友就解释说这是由"外币投资"银行提供的一个理财产品。总之，从流动性的角度来分析，说服力从强到弱依次如下：存款，证券投资（股票及基金），充足收入，房产及保险。

3.1.7.2 父母收入证明

父母有稳定的工作，拥有持续不断的稳定收入也是资金充足的有力证据。收入证明一般可变性很小，由所工作的单位或公司出具，盖有单位公章，由上级经理或财务部门开具，证明此人在公司的职位以及每月收入。一般情况下，收入证明的作用不如存款证明，尤其是在存款证明远远大于I-20要求的资金时。收入证明主要发挥的作用是：当存款证明的钱勉强够或不完全足够时，父母有稳定高额的收入，就能支持学生在美国的生活，不会因为需要支持学生的费用而陷入生活困境。

3.1.7.3 银行存折

银行存折大家都不会陌生的，这里不进行详细介绍。存折的作用如下：

（1）当钱是近期从其他银行汇入大额时，存折可以证明这些钱不是借回来的，而是从其他账户转过来的。

（2）存折也可以反映父母的收入，因为钱会定期打到账户上，如因特殊原因无法提供收入证明，存折也是一个辅助文件。

（3）存折可以作为存款的辅助证明，例如存款证明只开了3个月，但是钱一直都在账户上的，出示存折，就能证明这些钱不是临时借回来做存款证明的。

3.1.7.4 房产证等

房产证属于更为次要的证明文件，一般签证官都不会看。但是本着"多带没用到总好于被问到却没有"的原则，还是可以带上房产证。简单讲，房产证是拥有住房的合法凭证，但是一般要在买房后一到两年才能获得，此期间购房合同拥有同等效力。如果拥有多套房产，提供房产证可证明家庭拥有充足的资

金来源；如果只有一套房子，就没有必要带了，要是连自己的住房都要卖了来给学生作为学习费用，这样的资金不具有说服力。另外，房产从投资的角度来说是一种不动产，其流动性较低，即作为资金证明的说服力不强。

3.1.7.5 户口本及同等效力证明文件

户口本是证明父母和自己关系的证明文件，在签证官的眼中，只有父母会无偿地为其子女提供经济上的资助，若由其他亲戚资助的则需要额外的理由。一般签证官也不会看户口本，如果户口不是和父母在一起的，可以去派出所开具关系证明。

3.1.7.6 关于家中经营公司的情况

如果父母双方或一方的收入主要来自家中经营的公司，就可归入此种情况。在这种情况下，开具的收入证明基本上没有说服力的，原因很简单，"自己帮自己开"并不能真实反映收入的情况。因此需要提供以下两种文件：

（1）公司营业执照副本；

（2）税单（公司或个人）。

有以下五个方面的注意事项：

（1）如果父母（双方或其中一方，下同）是大股东，或持有部分股份，需要把股权证明文件带上，也就是写明"何人占多少股份"或"何人出资多少"的证明文件，用于证明父母是公司的持股人，即公司收入是父母收入的全部或部分。

（2）公司是由父母的亲戚或朋友持股，父母不占股份，但是有份出资的。如果是符合法律程序，即应该会签署相关文件，证明"何人出资多少，占有公司多少股份"，这种情况与第一种情况一样。如果是持暗股，即不反映在任何法律文件上，则请法人或大股东出一份证明，类似于"收入证明"，证明父母的年收入是多少，此种情况与3.1.7.2小节中"父母收入证明"的情况等同。

（3）税单的问题。若是因为公司经营国家的出口退税项目，或不打税的产品，从而没有交税纪录的，可在向领事馆签证官陈述时说明情况，并提供营业执照副本，在经营范围中向签证官指明，该产品是不打税的，因而没有交税记录。另外，也把公司交易记录带上，比如公司账户就可以反映交易的情况。公司处于"合理避税"状态的，即通过会计处理手法，使公司交的税很少，没能反映真正收入的，也要把税单带上，但是此时公司的收入比较少，因此公司的收入不能作为资金证明的主要部分，即要有绝对充足的存款证明或证券投资证明。若签证官询问，可做如下解释：因为市场情形的改变，公司收入比较少。此理由对于持续经营时间较长的公司十分有效。

（4）没有营业执照，即"纯粹做生意"，没有在工商行政部门注册，自己做小买卖的。这种情况可以把父母的银行存折带上，如果做买卖的过程中签过交易合约，也可以带上作为证明。此种情况，收入证明也不可用作资金证明的主要部分，需要有绝对充足的存款证明或证券投资证明。

（5）父母本身有一份职业，但是主要收入来自"公司经营"。此类情况的处理方法可以更灵活，除了开具本身职业的收入证明外，也可以按照上述四点分析提前准备公司的收入证明，只要能让签证官觉得你有充足及稳定的收入即可。

3.1.7.7 当钱是从亲戚或第三方借来时

除父母以外的亲戚提供资金，如果此资金占总数的比例较高（例如40%）时，资金证明文件的准备参照上面父母的相应情况。关于亲属关系证明，如果户口在一起的，带户口本即可；若不在一起，可让亲戚写一份经济资助函并签名，笔者认为这个效果比公证好，只要能证明亲戚会资助自己即可。

此外，签证官很有可能会问起亲戚资助你的原因，大家按照真实的原因作答即可，以下两点思路仅供参考：（1）自己和这位亲戚感情极好。例如祖父母提供资金的，可以告诉签证官自己从小跟祖父母住，他们很疼自己，然后带上一些小时候与祖父母亲密互动的照片；（2）家里只有自己能出国读书，是一件很光荣的事，所以家中其他亲戚愿意资助。

当钱是借来时，请更多地结合自己将来毕业后的就业来分析，即毕业后能比较容易地找到高薪工作，因此这是一个高回报的投资，自己能比较快地偿还借款。要更多地结合自己的专业来分析，让签证官信服。若有必要，可以提供一些所申报就读专业的就业情况数据。当然，面谈时请表露出更多的信心。

3.1.7.8 关于资金证明的注意事项

（1）首先，一般来说，资金证明的数额不是开得越多越好，而是要根据你完成整个留学项目需要的花费、资助人的收入情况和存款历史等因素来决定。你要考虑资助人的收入情况和存款历史能不能与所开具的资金证明的数额相匹配。举个例子，有申请人受资助50万，而资助人一年的收入总和才不到10万，又只有近两年的银行存款记录，那么签证时就可能会遇到麻烦。其次，对于家里是开公司的人，公司经营状况良好，收入颇丰的话，在资金上准备得多一点、充足一点也未尝不可。最后，若是因存折上记录太多，银行更换了新存折，新存折上的历史记录就会比较少，可以通过到银行打印流水账目的方法来解决这个问题。如果你的存折上记录是从近一年左右开始的，稳妥一点的话，建议去银行开出这个户头的历史交易记录，2至3年即可（时间长一点并且能反映出资助人的收入水平的话，也许更佳）。

（2）你受资助去读书，会不会给资助人在财务上带来一定的或者严重的负担？比如，你全自费攻读学位两年需要人民币60万，你的资助人一年收入总和不过才10万左右，存款也只有五六十万，资助人需要拿出所有存款或者大部分的存款来资助你，那么签证官可能就会质疑你受资助后可能会对资助人的财务状况带来一定负面影响，造成一定的负担。

（3）毕业后的就业是否能有较高回报？个人职业发展前景是否乐观？比如，你去美国读一个很冷门的专业，而且还仅仅是攻读硕士学位，那么你回国后到底有没有出路呢？如果你认为自己不在乎这个专业是否冷门，只是想去美国感受一下那里的环境，提升一下自己的思维水平和与人交流的能力，那么你觉得花两年时间值得吗？你不觉得只要在国内好好奋斗还是能有很好的发展机会吗？以上这些问题都要想好怎么回答。

（4）对于现在有工作（尤其是有份薪水不低或者发展前景不错的工作）的人来说，既然你准备放弃现在所拥有的，那么，你有没有考虑过你放弃这一切而选择去美国读书的机会成本有多高？比如你放弃年薪10万的工作全自费去读两三年博士或硕士，你有没有想过这意味着你放弃了未来两三年年二三十万的收入和事业上持续的发展路径？这类问题应该怎样去解释，相关的多篇签证经验早已作了细致分析，请大家自己搜索查阅。

（张玉荣）

3.1.8 美国驻成都领事馆签证处博客（**http://blog.sina.com.cn/ usconsulatechengdu**）

官方博客上会及时更新涉及签证的种种信息，包括签证政策的变化、签证收费变更、签证日期变更，以及大家最为关心的由签证官回答的一些签证常遇到的问题等，建议成都的同学在签证前提前了解一下，心里大致有个底。从博客上可以看出签证官还是比较可爱的，不是平时被大家"妖魔化"的怪兽。推荐这个博客，我们的目的就是让大家放松，不要把自己搞得那么紧张，我们要从"战略上重视签证，战术上藐视签证"，放轻松轻装上阵就是最佳状态。

签证当天注意按预约的面谈时间提前到使馆排队。然后就是安检，物品需寄存，注意贵重东西的保管。申请人最后携带与签证申请有关的文件（推荐把文件装在一个透明的文件袋里），到领事馆递交签证申请表和材料，包括DS-160、DS-2019、SEVIS收据、签证费收据、护照、照片。之后就是等待指纹扫描和签证面谈。如果签证申请得到批准，印有签证的护照状态可在线查询，可到官方指定的中信银行领取。请注意：中信银行只会将您的护照资料保留15天，超过15天未被领取，将会被退还到大使馆，所以务必要在15天内去取回护照。

3.2 支付SEVIS费流程和攻略

学生和交流学者信息系统（Student and Exchange Visitor Information System，简称SEVIS），是一个存储美国当下的国际学生和交流学者信息的网络数据库。收到学校签发的I-20或DS-2019表格后，去使馆签证之前，需要支付SEVIS费。费用是交给美国国土安全局，而非美国领事馆的。从2008年12月27日起，SEVIS费用涨为200美元。申请J-1签证的交流学者，如果学术项目是由联邦政府资助的，无须缴纳此项费用。已缴纳此项费用的申请人，若签证被拒，在12个月内再次申请时，也无须再次缴纳此项费用。大家可以使用美元汇票、支票或美元信用卡缴费，主要有网上缴费和中信银行缴费两种方式。如果是网上缴费，大家可通过登录美国移民海关执法局（U.S. Immigration and Customs Enforcement，简称ICE）的官方网站https://www.fmjfee.com/index.jhtml，填写相应信息后用信用卡在网上支付。此外，在网上缴费时，如果不是中信银行的信用卡，要额外支付手续费，而且一般只支持Visa、Mastercard和American Express这三家签发的信用卡。所以如果就近有中信银行的网点，不妨去银行网点通过中信银行的柜台、自助柜员机、网银等多种方式支付。缴费时需要用到I-20或者DS-2019表格里面的信息。一定要注意，该费用最迟要在签证前3天提交。

缴费时需要注意如下问题：

（1）填表。

按照实际情况填写即可，不过需要注意：

F-1（I-20表格）签证申请人必须填好学校代号；

J-1签证申请人必须填好学校代号（DS-2019表格上）。

（2）缴纳SEVIS费用200美元。

获取一张I-901表格，登录网站www.fmjfee.com，按照网页上步骤一一操作即可。若通过信用卡支付，需要提供持卡人的姓名、地址、邮政编码、信用卡类型（Visa或Master）、卡号，以及信用卡的到期日等信息。缴费成功后打印出确认函（Confirmation），在后面的签证面谈时需要用到。若通过邮政方式，收款人写明"I-901 Student/Exchange Visitor Processing Fee"把名字和编号（SEVIS Number，即I-20表右上角字母n后面的数字）写在汇票上，将I-901表格和美金汇票或支票邮寄到以下地址：I-901 Student/Exchange Visitor Processing Fee P.0 Box 970020 St. Louis, M0 63197-0020。

I-901表格和交款之后的回执会寄到你填写的回邮地址。你可以选择航空（first-class air mail）或快递。

SEVIS缴费成功后，就可以打印SEVIS收据了。SEVIS收据有两个版本，打印版与邮寄版，虽然不是完全一样，两者的效力等同。打印版是提交后点击"Print this page"，然后打印出来的版本；邮寄版是交SEVIS收据的步骤中，填写个人地址，后面美方通过航空邮件寄过来。签证时，两种形式的收据都是可以接受的。万一遇到点击却不能打印的情况，还有以下方法可以参考：首先，可以在收据页面出现时，按"Ctrl+P"，或者点击浏览器左上角"打印"项，把整个网页打印出来。如果身边没有打印机，还有另外两个方法，一是将网页打印成PDF格式并保存PDF文档，此后再找打印机打印；二是可以将整个网页保存为HTML格式并另行打印。此外，其实我们可以再次登录网页并找到相应的收据页面，登录网址为https://www.fmjfee.com/i901fee/index.html。

最后特别要再次提醒大家注意：一定要保存收据！支付流程完成后，及时

打印收据编号并妥善保管。一旦丢失，将无法再次办理。如不能提供收据编号，便无法进行预约。面谈时要出具两张申请费收据：中信银行交的签证申请费收据和SEVIS费收据。请注意无论签证批准与否，签证申请费概不退还。如果已经交过申请费，但未能在收据规定的有效期内去递交申请，申请费收据也将作废。

（信息来源：http://www.ice.gov/sevis）

3.3　签证经验集锦

3.3.1　面签实录

网名：X-rain
国内高校：西南交通大学
申请高校：纽约大学理工学院
专业方向：计算机科学
培养方式：联合培养博士
签证和审核通过时间：30天（8月9号签证，9月10号完成行政审查）

　　电话卡是预约签证的时候要用的，必须买，因为你要打电话给领事馆预约签证。这个电话卡有两种，通话时长12分钟、54元的电话卡和通话时长8分钟、36元的电话卡。建议还是去中信银行买，因为中信包揽了签证费和电话卡业务，总归是要跑银行交申请费的。我电话预约时间大概用了6分钟，故推荐大家选择36元的电话卡。

　　我当时预约了8月9日成都美国J-1签证，早上10:30左右从交大出发，11点多就到美国领事馆了。走廊里排队的人都没几个，我就在旁边的椅子上坐了一下，12点多的时候，突然大家都开始站起来排队。我个人其实觉得有点过于激动了，因为直到1点多的时候美领馆才往里面放人。

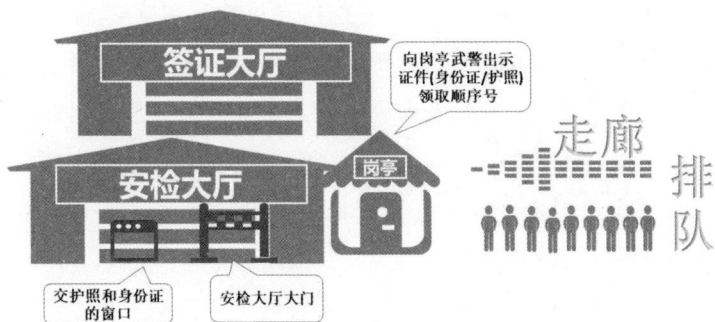

图3-1 成都美国领事馆外面排队区示意图

美国领事馆主要分为三部分：外面排队区、安检大厅和签证大厅，参见图3-1。

顺着队列往前移动，等到达岗亭，便把护照和身份证给武警，对方核对资料后会将护照和身份证还给你，并告诉你你的编号（这个编号随后会在交护照的窗口用到）。接下来就离开排队队列，到达前方交护照窗口，把护照和身份证一起递进窗口。此后就在门前等候，等叫到你的名字再进门，进入安检大厅。

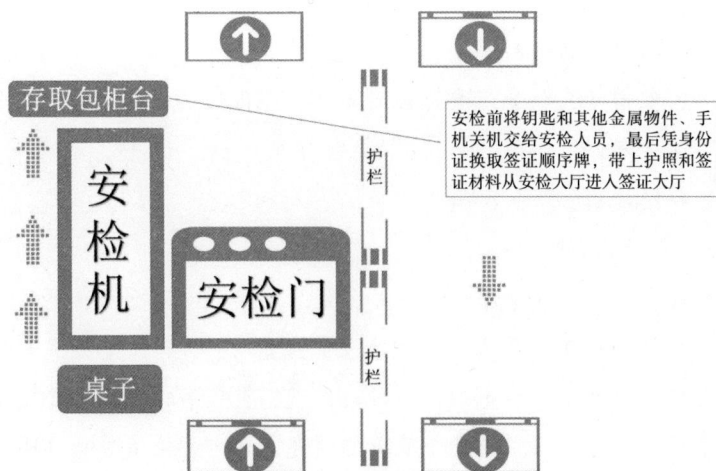

图3-2 成都美国领事馆安检大厅示意图

把你携带的所有东西都拿出来放在左边桌上的篮子里，把包交给武警（武警会提示你将手机关机），然后通过安检门。随后到达存/取包的柜台前面，武警会给你一个标有"CONS VISITOR"的胸牌，你要挂在衣服上才能进入签证大厅。此时一定不要忘了取回护照，签证结束离开时凭胸牌取回身份证。如果你还有存包，那么还会有一个小的存包牌。一定要记得把这个牌子保存好，我看到一个人刚出门门牌就掉了，还好武警及时提醒他。接下来穿过一个院子，从左边的门进入签证大厅。

进入签证大厅之后，马上把材料给一个在网上经验贴中被广泛提及的一位整理材料的美女工作人员。这位工作人员查你的材料，并告诉你什么需要什么不需要，她还问我："谁资助你的？"不知道是不是每个人都会问，她最后整理出来要交的材料如下：

- 护照（交的照片会别在护照上）；
- DS-2019表；
- 签证费手续第一联；
- SEVIS Fee确认页；
- DS-160确认页；
- 自己的个人简介；
- 外国导师的个人简介和个人首页；
- 国家留学基金管理委员会的文件，一张红头的，一张蓝头的；
- 邀请函；
- 研修计划。

她把国内导师的个人简历退给我了，最后还给了我一个分组号（要牢牢记住自己的分组号，后面都要用）。我马上到A窗口交材料（等人多起来之后，我看很多人进签证大厅之后不知道做什么，就一直等着，按我这个流程绝对没错。），交材料的时候问了我几个简单的问题，像"你家庭住址在哪里"之类的。随后就进入等待阶段。等待叫到我的组号（外国人叫中文的组号非常难以听懂，记得要竖起耳朵来听）之后，就到B窗口前面排队，再叫到我的名字时就到B窗口扫描指纹（有的时候甲窗口也兼职扫描指纹）。扫描的时候记得并拢手指按重一点。扫描的顺序是，左手四个指头，右手四个指头，然后才是两个大拇指。随后又进入等待中。等叫到自己的组号，就到对应窗口（甲、乙、丙、丁中的一个）前面排队，再叫到自己名字时就是面签了。

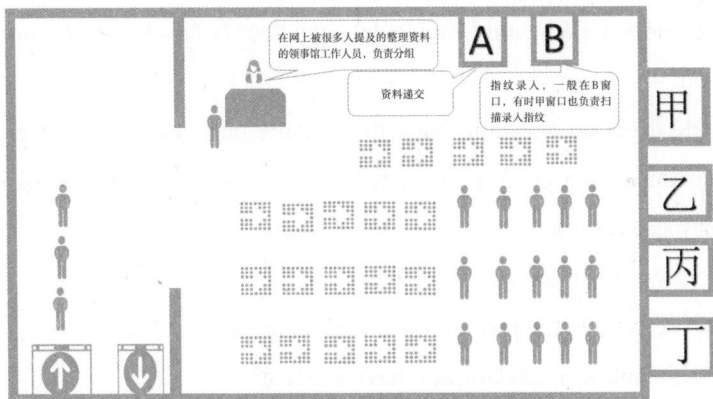

图3-3　领事馆签证大厅位置示意图

我很不幸，分到甲窗口，正好和扫描指纹的B窗口很近，签证全过程一直听到B窗口的工作人员一个劲地说"左手""右手""重一点"，很受干扰，实在有些让人郁闷。下面是我签证时与签证官的对话：

Me: Good afternoon, madam!

VO: How are you?

Me: Fine, how about you?

VO: ...(No respond! Looking at my materials.)

VO: How did you find the program at NYU?

Me: (Many things flashed through my head, but finally I answered.) My hosting advisor invited me to do the research there.

VO: OK. (Typing casually, scanning at my materials again.) So your project is the research on high-performance packet switching, what is that?

Me: A packet switch is a network device that sends data packets to its final destination. (She seems to understand something, but I'm not quite sure.)

VO: OK. (Typing, scanning.) So you will be working with Prof. Jonathan Chao at NYU?

Me: Yes, Prof. Jonathan Zhao. ("Chao赵" should be read as "Zhao赵", "Chao" is Taiwan phonetic notation.)

VO: OK. (Tying.) Have you ever been to other countries?

Me: No, no, no. (Why am I saying so many "no"?) This is the first time that I'm going abroad.

VO: OK, I get no question, but... that usually takes two to four weeks. (Keep writing something on a green paper. I found out at last, that was my name! And a green paper means administrative processing is unavoidable!)

Me: ...(I was silent for a while.) Thank you.

VO: You can go to the post office to ...(Giving me a hard write card.)

Me: OK, thank you, madam, and have a nice day.

面签我的是一位美女签证官,当她最终告诉我需要审核一段时间时,我忍不住胡思乱想,她怎么也不问我结婚没有,不是听说很多人都要问的吗?最后那位签证官把国家留学基金管理委员会的蓝头文件、DS-2019以及照片都还给我了。

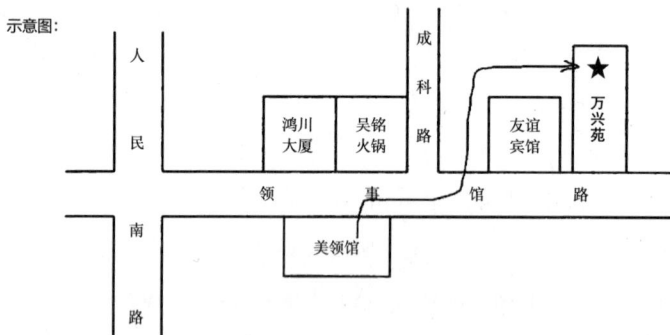

图3-4　领取审核签证材料的万兴苑位置示意图

最后就顺着右边的门出来,领身份证和包,然后到邮局(万兴苑8楼,见图3-4),拿着签证官给的白色的卡和身份证办理邮寄和自取。

祝大家签证顺利!

网名：那小子真帅
国内高校：电子科技大学
申请高校：南伊利诺伊卡本代尔大学
专业方向：计算机信息安全（分布式系统）
培养方式：攻读博士
签证和审核通过时间：25天

1. 体检篇

我是坐公交车去领事馆的，从电子科大清水河校区顺江小区坐96路车，然后转111路到桐梓林小区附近下车就很近了。但坐111路回学校的线路不一样，要在家乐福超市附近的那个站点坐车。除了其他必备的材料以外，也要带上学校下发的疫苗表，如果学校没发给你，可以在学校网站上找到。但也听说有的学校不要求打疫苗，要自己提前核实。

2. 签证篇

签证这个过程的重要性不言而喻。

一般而言，申请美国高校签证这个环节比较烦琐，需要专门为面签准备各种材料，还要重写研究计划。前期申请公派时的研究计划主要针对的问题是"你到美国之后的学习计划是什么"，而签证时提交的研究计划则主要针对以下几个问题：你为什么去美国？为什么选择去那所大学读书？为什么不在中国读书？谁会在经济上资助你？你到美国之后的学习计划是什么？你学成归国的原因是什么？将来回国以后你在美国拿到的学位对你会有什么帮助？

另外，如果你觉得第一批你来不及了，你又想和我一样，先签证再等第二批的结果，那么建议你在1月份左右在银行里面存签证所规定的相应资金。因为签证的时候需要提供证明你财力的存款证明，而这些存款最好有几个月的存期，不然可能会让签证官以为钱是临时凑的，对你的签证申请不利。不过我签证时签证官完全没有看我的财产证明。

下图是我自己画的成都领事馆的简图和签证过程。

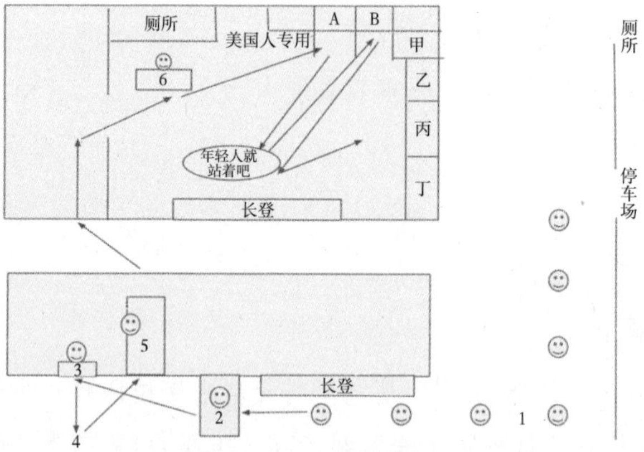

图3-5　成都美国领事馆签证排队示意图

（1）漫长的等待过程，尤其是下午签的同学，要做好站四个小时的准备！

（2）如果不用寄包的话，要快一些。我排队到后面的时候执勤武警直接喊道："不寄包的往前走！"执勤武警要检查护照和身份证。

（3）上交护照和身份证，对方会问你预约的具体时间。

（4）先等待一下，准许进入的时候5号位置上的工作人员会推开门叫名字。

（5）进去之后先测量体温，只需要对着一个仪器看三秒即可。然后寄包，会收到一个标着"VISTOR"的小牌，要求挂在胸前。

（6）领事馆的工作人员会让交材料，包括护照、录取信、签证费收据、父母收入证明，还有一张照片。整理完资料之后，工作人员会用回形针别好后还给你，并且会给你一张纸，上面有你的组号。

（7）把材料交给A窗口工作人员。如果是第一次签证，还需要GT成绩单。注意：DS-160表上要有中文，就是刚开始填写DS-160表的时候，要选"英语–中文简体"，不然的话就悲剧了。

（8）先等待一下，听到你组号的时候，去B窗口录指纹，十指指纹全要。

（9）然后再继续等待，就听到签证官喊你的名字了。

我的预约时间是下午1:30，同学说晚去好一些，我们就1:20过去的，到的时候估计前面已经有100号人在排队了。等待的过程真是十分煎熬，加上那天下雨，我还背着个一二十斤的背包，那滋味真是一言难尽啊！在接近5点的时候，我才获准进入。也许是因为当时太晚了，已经是下午五点半了，我是倒数第二个，签证官也期待早下班，加上川大的学生是被审查的大户，所以我的签证过程还算顺利。我在大厅里面等了大约有半个小时，看到大部分都是直接通过，很少被审查的，只有一个没有通过。

重点提一下里面的那个黑头发的女签证官，估计有40岁了，问问题比较多。她喜欢用中文，大部分问题都用中文，我甚至看到有一个同学的签证全过程她都使用中文。和我同去的同学就是被她面签的，对方问问题比较多。我同学明显有些紧张，在她打字的时候还在一直说，结果她说了一句："等我问你的时候你再回答，OK？"确实有些尴尬！他就被审查了。川大另外一个环境专业的同学也被审查了。

我自己不是这位女签证官，而是另外一位男签证官面试的。我当时比较紧张，脸上没什么表情，事后感觉这样不太好，还是应该注意把气氛搞融洽些。对方整理资料的过程估计就1分钟，我全程也就说了二十来个单词。在签证官打字的过程中，我一句话也没说。我同学和我是同时签证的，我们的经历对比让我觉得在签证官打字的时候说太多不好，对方打字时肯定不太愿意一直被干扰，单纯回答问题就好，不要多说。

下面是我签证过程中的对话：

Me: Good afternoon, sir.

VO: How are you?

Me: OK, thank you. How are you?

VO: Good. So is your major computer science?

Me: Yes.

VO: Do you have personal CV?

Me: Yes, here you are.

VO: So you plan to study in ** university?

Me: Yes.

VO: What is your tutor's name?

Me: His surname is **...(I almost forgot how to spell his name. How horrible!)

VO: OK, I see. Do you have research plan?

Me: Yes, here it is.

VO: Could you please show me your tutor's CV?

Me: Yes, here you are.

VO: ...(Sorry, I did not follow him.) 2-4 weeks, OK?

Me: Of course, thank you.

面试结束后我就赶紧走啦。

其他就没什么特别需要提醒大家的地方了。简单说，把材料准备好，然后不要紧张，一般都不会有问题的。祝各位签证顺利！

网名：小龙

国内高校：四川大学

申请高校：华盛顿大学医学院代谢中心

专业方向：临床医学（心脏内科）

培养方式：联合培养博士

签证和审核通过时间：当场通过

本人出国留学的道路比较曲折，在此分享下个人的经验教训以期各位少走弯路。

首先最重要的就是拿到申请高校的邀请函（Offer）。我们学校一般头一年11月中旬发布项目通知，次年3月底进行网上报名。个人觉得准备时间当然越早越好，若时间紧张，至少也根据个人情况，将可分配的时间划分为前后两部分。在第一部分时间里去力争自己心仪的顶级院校或学术"大咖"，因为大家都希望达到至高处，所以一定要尽早联系以免错失机会。当然这对申请者的要求也较高，最好先收集下外国导师的相关资料，根据其过往研究写一份有针对性的联络信。理想情况下，信中可简述对方过往的研究，其研究与自己研究的交叉点，自己前往对方实验室的研究计划，外加一份可以获得加分的个人简历。这部分目标不外乎以下两类：（1）学术"大咖"。你平时看文献、参加研讨会时多少都会有所耳闻，再去网上收集一下信息即可；（2）顶级院校的对应实验室。直接找官网，然后逐个查看实验室介绍，另外网站上也有专门招募"post grad"或"fellowship"的板块可供参考。在第二部分时间里则是广撒网，在大学排名前100的学校（国家留学基金管理委员会到底按哪个榜单好像也并不明确）里面逐个筛选，注意对外联络信里对方称谓等必要信息的修改。

下面是我去成都美领馆的签证经验分享：

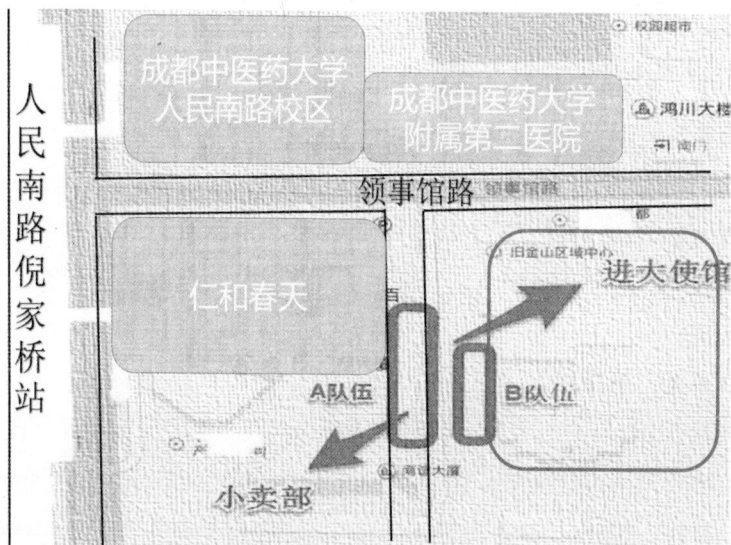

图3-6　成都美领馆交通及位置分布示意图

如图3-6所示，A队伍为等候处，美领馆工作人员会把标有面试时间的牌子挂在树上，面试者找到自己所在时间段的牌子排队等候即可，随后工作人员会引导最近一批面试的队伍至B队伍处，并逐一检查面试预约单和护照。进入美领馆后首先安检，然后根据各自签证类别整理好资料（J-1签证需要DS-2019表和SEVIS fee确认页），采集指纹，最后面签。需要提醒大家的一点是，由

于美领馆内不可携带手机、水、雨伞等物品，可提前至小卖部处租用储藏柜存放物品。签证的经历不再赘述，祝各位成功。

网名：似水无痕
国内高校：四川大学
申请高校：宾夕法尼亚大学
专业方向：高分子材料
培养方式：联合培养博士
签证和审核通过时间：30天

我的签证过程整体上还是十分顺利，我自己也全程都比较放松。

先分享一下当天签证的一些感受。我签证那天只开了三个窗口，那位传说中的美女签证官没在。话说在丙窗口的那位男签证官可真是铁血啊，目测他面谈了12个，貌似就拒了9个，出去做生意的被拒，探亲的被拒，出去拿学位的被拒，出去培训的被拒……而且绝不说原因，只说现在感觉您还不具备发签证的条件，问他原因他也不说。乙窗口的金发帅哥签证官感觉最和蔼，结果我运气很好就被分在那里。但是——是谁说他们说话都很慢很好听懂的？

闲话半天，下面切入主题，我签证过程中的提问与回答：

Me: Good Morning, sir. Nice to meet you.

VO: Nice to meet you too. Who funded your study in the US? (He spoke so fast that I found it a little difficult to follow him. I said "pardon", then he repeated that question again.)

Me: China Scholarship Council. And I got a certification of Deposit. Do you want to have a look?

VO: No, thank you. (Check my application paper) Is Prof. ** your advisor in the US?

Me: Yes. And Prof. ** is my advisor in China.

VO: (Typing…) Have you ever gone to other countries?

Me: No, this is the first time I go abroad.

(He laughed loudly and changed into Chinese.)

VO: 我们需要大概一个月的行政审查，请你拿着**去办理邮寄业务。

Me: Yes, I know it. Thank you.

其实刚开始看这位金发签证官的架势我就知道，绝对不会被拒，所以当时一点都不紧张。我不禁庆幸自己运气好，没有被分到丙窗口。因为我签证那个时段有很多因公出国考察的人，他们和签证官说话都是纯中文，整个大厅都有些吵，而对方的语速又的确快了那么一点点，所以我都没怎么听清对方的话，幸亏签证官十分宽容！

此外，签证前还有一个小插曲。那天早上我到得很早，6:40就到了，排第7个。结果到我去执勤武警那里确认预约信息的时候，对方居然说没有我的名字！而且两位执勤武警都说没有看到！我的名字也不难认吧！电话预约时约定的时间我还是记得很清楚的！然后他们就把我晾在一边，说让我等等。然后，我就只能在一边看到后面的排队者一个一个地进去，后来我终于忍不住了，恳请他们帮我再查一遍。由于这个时候我也不能确定自己是不是上午8点的预约了，就请他们帮我查一下9点的，结果他们没有理会。后来实在沉不住气了，赶紧找人拿中信银行电话卡再打电话确认（感谢电话里帮助我的服务人员高妹妹），对方给了我一个密码，向预约中心确认了我预约的时间的确是当天早上8点。我随后就尽量让自己充满自信地走过去，告诉执勤武警："我刚刚已经确认过了，我确定我是预约的今天上午8点，麻烦你们再帮我仔细找一下，谢谢了！"结果两位武警同意并最终找到了我的名字，但这个时候我拿到的已经是第53号了。

我想以自己的这次教训提醒大家，一定要准确记住自己的预约时间！如果门口执勤武警眼神不好或许会漏过你的名字，要是你不能确切地告诉他们自己的准确预约时间，他们是不太可能会帮你费神在各个时间段都查找一遍的。

网名：阿司匹林

国内高校：四川大学

申请高校：斯坦福大学

专业方向：临床医学（内分泌代谢/老年医学）

培养方式：联合培养博士

签证和审核通过时间：当天

　　昨日大雨滂沱，吾携胞弟前往美利坚合众国驻蓉城之所求通关之文书，携弟前往一则可遣排队之闲暇，二则可滥竽充数兼看护斗篷雨具之功效，按下暂且不表，言归正传。吾等从华西坝学堂动身启程已是日照杆头，之前免不了拾掇一番，到馆已近正午时分，果见前人所述高堂深院一座，府前求通关文书之众甚，队伍迤逦，扶老携幼，虽瓢泼大雨不足乱其形，盖赤诚足以惊天地泣鬼神。莫非彼岸乃桃花源，引得国人争渡？正思忖间，忽觉饥肠辘辘，方知餐未进，自诧为此虽非废寝竟已忘食。兄弟二人遂前行数十米，有一巷，巷深处觅得一小食馆，名曰玲珑，得以温饱。

　　返，众言凡户牒牙令文书均需齐备，府内出入皆需悬牌挂碟，以避嫌疑，按形据实，概不能谩。吾自省一番，觉除相片尺寸与官府要求不足外余皆合符，有热心好事之徒言使馆对街有黑店奸商数家，虽立等可取，然其苛费猛于虎也，无他，慨然前往，须臾以数十大洋换得方寸纸片数枚。其后方知其获利不亚于吾等巫医百工之人数月之辛劳所得，怪乎世人皆宁为商贾，不为救死扶伤之良医也，盖白衣皎皎易污。当今之世，神州之民，病者甚众，古有农夫井绳之训立于前，今有医闹之恶行流于世，兹有老者伏地而不能扶，无辜之士病于前而不敢救。何也？非医者仁心尽失而乃世风人心不古也。

　　众人皆立于馆外，列队毕，徐徐而前，前有赴鹊桥会之佳人，人云"J2"，大有悔叫夫婿觅封侯之意；后有北大高鸿硕儒，见贤思齐，素闻北大清华之硕学之士去国离乡者甚众，其言入境国人，留滞他乡无归，致时有被拒之事发生，甚有人提醒断不可言此间乐不思蜀云云，闻者皆心虚不已。吾亦将负笈求学与归国大计及盘缠资费之事宜烂熟于心。怪哉，国人往来熙攘以奉巨资而惶惶终日忧其不纳也。其间偶有怅然而出之士，失魂落魄，盖得之不喜失之不忧，非人皆能达至境界也。大雨如初，时至，通关隘重重交牌碟书令之物概如前人所云，不再赘述。

其间，有一黄发碧瞳公现，召人于前，其字正腔圆，乍听，断不知非我族类也。皆按十指之印于府，以备查验。甲乙丙丁四窗依次洞开，皆有府官或坐或立于内，众人皆寂然。丁之窗口有天竺后裔貌之领事早早正襟危坐，独览文书或深思或蹙眉，皆叹其敬业，呼求签证者于前，凡胸有成竹对答如流者，过；但遇迟疑口拙者，或盘问再三或请质凝滞面有难色。良久，忽闻吾名，慨而往，然未及开口，此公夷语笑言："君至此何为？"诚然答曰："求官文通行。"阅吾之文书继而问曰："君意何往？何为？"答曰："彼岸三番之市，有校名曰斯坦有佛，其间一老叟邀吾前往行消渴之症研究云云。"此公似有首许之意："欲往彼岸几许春秋？"答曰："春流到冬，冬流到夏，即可。"再追问芳龄几何及婚否云云，皆一一作答，遂签其名盖戳。出，成其文，记之。

对答原文资鉴：

(Before I say hello and Good afternoon)

VO: Hi, how are you?

Me: Fine, thanks.

VO: So why are you here today?

Me: I'm here for my J-1 visa application.

VO: Which university are you planning to go?

Me: I was invited by Prof. *** to study and do research in his lab at Stanford University for...

VO: What does your research focus on?

Me: My major is Endocrinology and Metabolism. My research focused on diabetes and its complications, pituitary disease and other related diseases...

(VO stopped me.)

还正打定往下说，签证官已经以"迅雷不及掩耳"之势签字盖章了。白条，退还所有物品，留下护照，让到对街邮局去办理后续事宜，我的签证对话

很短很简单，微不足飨。

网名：陌生人

国内高校：四川大学

申请高校：美国斯克利普斯研究所

专业方向：化学生物学

培养方式：联合培养博士

签证和审核通过时间：被审核，23天（8月17号签证，9月10号通过）

　　下面报告一下自己的签证情况。

　　我预约的8月17号下午1:30的签证，12:30赶到美领馆排队。人不是很多，但我去得稍晚了一点，刚好没坐到凳子，只有站着等待。

　　快1点钟时放人进去，安检，存包，签证大厅工作人员收材料，留指纹，等等。签证对话如下：

Me: Good afternoon. Nice to meet you here!

VO: How are you?

Me: Fine, Thanks. I would like to apply for a J-1 visa, so as to enable me do research work as a... (I didn't finish before the officer stopped me.)

VO: What will you do in the United States?

Me: (Well, this is my favorite question.) My research work focuses on *** ...

VO: Okay, are you a PhD student?

Me: Yes, I am a PhD candidate pursuing my doctoral degree at Sichuan University.

VO: I see. What research project will you do?

Me: I will conduct some research work related to HIV protease drug design.

VO: You will go to Scripps?

Me: Yes, I will conduct my research work in Dr. ***'s laboratory at The Scripps Research Institute.

VO: OK.(Watching my CV.) What's the difference between Chemical Biology and Molecular Biology?

Me: (I thought that "chemical biology" is a sensitive phrase. I was afraid that I would be checked.) There are some overlaps between these two subjects, and my research work mainly focuses on the field of computational drug design and discovery.

VO: (She showed me my academic paper and pointed at them.) Are these research papers written by you?

Me: Yes, they are written by me.

VO: Have you ever been to other countries?

Me: No, I haven't. This is my first time to apply for going abroad.

签证官最后告诉我说需要例行的行政审查，让我去邮局办理邮寄手续。我签证时是个女签证官，在丙窗口，问的问题比较多。我当时明明觉进行得比较顺利，签证官不断地把不需要的材料返还给我，还以为能直接通过，但最后还是要求审核，收走了我的护照、国外导师和自己的个人简历、研究计划以及发表的文章。

以上是我签证过程的不完全记录，供没有签证经验的同学参考。最后祝大家顺利通过签证！

网名：霞
国内高校：四川大学
申请高校：普渡大学
专业方向：生态学
培养方式：联合培养博士
签证和审核通过时间：当场顺利通过

我顺利通过了美领馆的签证面试，主要感觉还是与专业有关，我的专业是

生态学。

（1）时间安排。

我预约的是下午2点，中午11点吃饭，11:30出发，12:10到，比较幸运地排到了警戒线以内，接下来就是漫长的等待。但我当时由于急着去排队，吃饭太急，胃痛了一下午，所以大家可以早点过去，附近有不少餐馆，超市也离得不远，可以买点坐着慢慢吃，反正也有很长的排队等待期。

（2）面签问题。

这也是大家最关心的问题。我当时的那位签证官问题确实很少，我还没反应过来，就顺利过关了。签证官是位女士，很和善。过程如下：首先是我向她问好；然后她问了我"去哪个学校？""去干什么？""现在是学生吗？""在哪个学校？"几个问题；接下来就问了问我的专业，当她知道我的专业后好像就放松下来了，敲了会儿电脑录入资料，然后就是深思；最后又问了一遍我的专业，问我现在做什么，去美国做哪方面的研究，就低头在我的DS-2019表上签字了。当然了，对答都是英文，我忘记原话了，所以只能把大意说一下。请大家见谅。

（3）办理邮寄。

出领馆后跟着大家走就行了。

总体来说，问题都不难，大家不要紧张，保持良好心态，公派留学都很容易通过。最后祝大家都顺顺利利地拿到签证！

网名：子寒
国内高校：电子科技大学
申请高校：宾夕法尼亚大学
专业方向：信号与信息处理
培养方式：联合培养博士
签证和审核通过时间：审核，21天（8月5号签证，26号通过）

我签证面试结束后被告知需要审核，谈几点自己的经验教训。

要是下午去办理签证的话，最好上午11点就去排队，因为人特别多，中间还有很多返签和补材料的可以直接插队，我们就因为这个原因，整整一个来小时排在外面没动静，上午11点去排队，下午4点才结束签证。

因为排队时间长，建议女士们不要穿高跟鞋，不然还没轮到自己签证就能累倒你。我选择了11点去排队，中间不能离开去吃饭，所以就带了一点吃的垫底，巧克力是不错的选择。

给我签证的是位女签证官，很有气质也很漂亮，我感觉比之前整理材料的美女工作人员还要漂亮。开始说正题，我觉得这个女签证官有她签证时的提问特点：和旁边的两位男签证官问的一些很普通的问题不一样，她居然让我解释专业术语；而且还很仔细地查看我的各种资料，包括DS-2019表、研究计划、我的简历和国外导师的简历。她遇到疑问就会问你，除非你是去探亲的老太太或者老大爷，否则去读书的或者去做访学的她一律使用英文，就算是我说外面太闹，听不清，她也只会调大麦克的音量，也不用中文。所以我之前在网上学来的签证"小聪明"在这位女签证官面前彻底失效，反而是旁边的男签证官时不时冒几句中文问题，让我很羡慕。

言归正传说说签证过程中的细节。一开始，女签证官先仔细查看了我的DS-2019表。我的研究内容是4D核磁共振图像分割（4D segmentation for MR image），她明显对我上面写的研究内容非常感兴趣，第一个问题就问我是什么是"4D segmentation"。这个问题是我之前没准备的，因为我把主要精力放在写研究计划上了，所以我一下子愣住了，等签证官又问了一遍我才反应过来，然后就开始想怎么和她解释。我在解释的过程中不小心冒了一个中文词，签证官就提醒我要用英文解释才行。在解释过程中，她遇到感兴趣的词，又接着让我解释，然后第一个问题完毕。第二个问题是看了国家留学基金管理委员会（CSC）的资助函后，她问我是否是全额资助，我说是，她马上说她觉得这个钱只够我要前往的费城当地每月平均生活标准的一半费用。还好我提前一晚把存款证明带上了，于是我就立刻递给了签证官。所以建议对资金要求比较多的学校的同学，一定要带上资金证明。第三个问题是我是回国拿学位吗？我说是的。她又仔细看了看我的简历，然后又对照了我的DS-2019表，接着问：我

发现你博士读的是电子工程学院，是做信号处理的，但是你到美国却是去宾州大学的医学院，是怎么回事，你到底是工学博士还是医学博士？我又解释了自己为什么选择去宾大的医学院。接着对方就一连串地打字，然后又反复查看我的简历、我的研究计划和国外导师的简历，然后又问：你的外导是×××吗？我说是的。最后她又问我之前是否去过外国，之后才结束了提问，告诉我需要2至4周的审查，让我惊出了一身冷汗。我签证之前也看过很多其他过来人的经验，对比起之前大家提到的男签证官，这位女签证官的提问完全是剑走偏锋，她的重点基本都在你的研究计划、你的简历、外国导师简历和DS-2019表上，但是不是单纯地让你背计划，期间极大可能会问你细节问题，需要仔细应对。

这位女签证官问的问题比较多，签证时间也长，但是大家也不要紧张，据我的观察，她虽然问得多且细，但是基本不会随便拒签。反而是男签证官，问得很粗略，却拒签了不少人，虽然大部分是探亲和拿学位的，但是让人最震惊的是坐中间的那位男签证官居然拒了一个和我们一样受国家留学基金管理委员会资助去联培的博士。他当时间的问题很简单，第一个是"你以前去过美国吗？"，第二个是"你在美国有导师吗？"，接着就告诉这位联培的女士"你被拒签了"，并且没给任何理由。所以后面遇到女签证官的同学反而不用紧张，只要准备得稍微细致一些，应该就没问题。

最后说一下审查需要收走的材料：护照、国家留学基金管理委员会蓝头文件、我的简历、国外导师的简历、我的研究计划。

但在我最后面试结束时，收取的材料包括护照、国外导师简历、我的简历、邀请函、研究计划，却没有收我的蓝头文件，而别的联培都收了的，不知道是什么原因，一度让我有些担心。以上是我的经验总结，希望能给后面签证的同志们一些有用的信息。

网名：ELE
国内高校：电子科技大学
申请高校：纽约州立大学水牛城分校
专业方向：通信系统

培养方式：联合培养博士

签证和审核通过时间：审核21天

　　我签证当天上午11点左右赶到成都美领馆，有点下雨，天气凉爽。当时队伍比较长，我以为人比较多，但是到12点的时候，发现前面很多是上午的，我们已经成了队伍的头，后面排了和上午差不多长的队伍。1点开始放行，进去后，会有工作人员按顺序指导你，所以不用担心，按他们的指示做就是了。存包，进门，交材料，录入指纹，然后又是等。等到我脚有点酸的时候，大概2:40，开始签证了。我是中间窗口的签证官，没怎么提问题。

　　第一个问题记不得了，好像是有关我的研究内容的。我简单介绍了一下我的专业，估计说了两句话，就没有往下说了，他一边听一边打字，感觉没怎么认真听。

　　第二个问题我记得很清楚："你的专业是什么？"我回答："通信系统（communication system）。"

　　第三个问题问的是"你在国外去做访问和你的专业一致吗？"，我回答"是"。然后签证官看着研究计划，问我英文缩写"QoS"是什么意思，我说是"通信有关的质量控制（Quality of Service）"。然后又是打字……

　　第四个问题签证官用中文问："你结婚了吗？"我说："已经结婚了。"

　　第五个问题："有小孩了吗？"我说："没有。"

　　第六个问题："你的老婆会申请J-2签证和你一起过去吗？"我说："不会，"再补充了一句，"我只离开一年（意思时间不长）。"

　　第七个问题："你出过国没有？"我回答说去过泰国、新加坡、马来西亚，补充了一句"通过旅行社（travel agency）"。他说他清楚了。

　　于是，我的签证面试结束。对方收走了护照、国外导师简历、我的简历，以及邀请函。然后用中文详细地给我解释，说需要审查，让去领事馆斜对面办理邮局快递或者上门自己领。全程这位签证官给我的感觉都很客气很不错，不过他粗心地把国家留学基金管理委员会的那个蓝头文件退给了我，据说当时他们其他联培的都收取了的，让我有点郁闷，还曾经担心因为这个通不过审查。

　　当天有个申请联合培养的同学被拒了，学经济的，不知道是什么原因。不

过他在DS-160上填了在美国有亲戚，难道是因为这个？无解。

当天也有另外一个联培的同学直接通过了，也是学经济的，她面试的时候比较晚。

网名：Purdrea
国内高校：四川大学
申请高校：纽约大学理工学院
专业方向：高分子化学与物理
培养方式：联合培养博士
签证和审核通过时间：审核21天

我的签证经历跟我预想的差不多，因为专业问题被审核3周左右。我的专业是高分子化学与物理，关于生物降解材料方面的。本来想跟签证官强调下降解材料意义，试图努力避免被审查，结果没有如愿。

我们是三个人同去，两个高分子专业，一个经济专业，结果是两个被审查，一个直接通过。我们从川大北门出发，还是花了十分钟多的样子将近12点到美领馆的，到时刚好还有几个位置坐。人没有传说当中的那么多，包括到了1点的时候。我们签完是3点的样子，出来的时候外面已经没有人排队了，所以大家也不用太急，担心人多之类的。

接下来说下签证的一些程序：

（1）给武警同志护照和身份证并告诉对方你的预约时间，等对方找到你的名字并划掉后，就会把护照和身份证还给你。

（2）进门旁边一个窗口的工作人员会再次收取护照和身份证，查看后会暂时扣留。

（3）进门后存东西。先把所有的东西拿出来，放在一个篮子里，过了安检后，可以存放手机、身份证等物品。带上护照和其他随后需要携带的材料，工作人员会给你一个挂胸牌和一个领寄存物品的牌子。

（4）进签证大厅，工作人员检查材料并分配组号。我看了不少其他签证经验，发现不少人对传说当中的检验材料的工作人员评价颇高，我个人却并没什么感觉，对方无非就是检查一遍我携带的所有材料，然后把不需要的挑出来还给我。比如，我国内导师的资料就没要。

（5）交材料到A窗口。

（6）在甲窗口按组录取指纹。

（7）两点钟的样子美领馆的签证官们终于上班了。首先开始工作的是丁窗口的一个金发美女，我看是正统的美国人，不少其他签证经验上认为对方是亚裔，对此我持保留意见。另外，这位女签证官的发音挺标准的。当时我看到的其他人的签证情况如下：两个重庆大学计算机专业的女同学被审查，一个兰州大学的老师申请访学也被审查；而有一对五十多岁的夫妇去看儿子，那女的跟他们用中文沟通得挺好的，通过了。在两点半的样子，一位男签证官上班了，在乙窗口。这位签证官一开始就拒了几个签证申请，其中一个男的被拒后，想问原因，对方就有点不耐烦了，敲了下窗口，示意工作人员让他走。被拒的男士用英文说还想问一个问题，问为什么拒绝他的签证请求，签证官没有理睬，那可怜的男士就被工作人员要求立即离开。那位男士简直都要哭了，顿时大厅的气氛有点紧张。看到这种场面，谁都希望自己不要落到这位男签证官的手中。凑巧的是，由于是按组的，我是55组第一个，还真是落到他手中了。签证官问了我的专业，是否第一次出国、要去的学校、现在的学校，还有外导的名字，最后用中文对我说通过了，但是需要行政审查两到四周。

（8）去邮局办邮寄。

下面说一下我的几点小经验：

①需要准备的材料：护照、身份证、DS-2019、SEVIS、DS-160、国家留学基金管理委员会的红蓝两张函、邀请信、外国导师和自己的个人简历、研究计划、照片、签证收据。国内导师的个人简历对方没要。

②大家不要太紧张。我是提前一天看了几个相关问题以及网上其他人分享的签证经验，然后签证当天早上检查了一下准备的相关材料，包括自己的照片，然后因为自己是下午签证，甚至还提前午睡了一小会儿，之后就精神抖擞地去领事馆了。

③签证官的英语还是比较好懂的，反正我很容易就能听懂，我也都是用英

文回答的问题。另外，大厅也没有传说当中的那么吵。

④签证与专业的关系还是很大的，和我同去的一位王同学，因为专业是国际贸易，就直接通过签证了。所以奉劝各位同学，即使被审查了也不要太失落，保持一颗平常心即可。

网名：Lemonblue

国内高校：四川大学

申请高校：纽约州立大学石溪分校

专业方向：高分子化学与物理

培养方式：联合培养博士

签证和审核通过时间：审核36天

我中午11:30从川大出发，很快就到了领事馆。人不多，前面大概就只有30号人。

（1）外面的武警登记，需要身份证、护照。

（2）第二个窗口，进一步审查。

（3）进入第一道门，寄存包包之类的物品，只带着资料进入第二道门，里面就是签证大厅了（其实很小）。

（4）一位女工作人员检查你的证件及资料，之后自己把必要的资料交到A窗口。

（5）录指纹。

（6）等待签证。

与签证官的对话：

Me: Hello, nice to meet you.

VO: Nice to meet you. What will you plan to do in America?

Me: I was invited to do some research as a visiting scholar.

VO: Is your major related to chemistry?

Me: No, my research is in the area of polymerphsics.

（签证官打字，沉默）

VO：（接下来全部对话切换为中文）×××是你的国内导师么？

Me: 是的。

VO：你去过其他的国家吗？

Me: 没有，这是我第一次出国。

VO：你结婚了吗？

Me: 没有，我是单身。

（打字，沉默）

（签字，盖章，我超级窃喜）

VO：您已经通过，但还要经过2至4周的行政审查（我忍不住诧异地看着签证官，他又加了句话），这是例行的程序。请到对面办理邮政手续。

Me: 谢谢！

签证官留下的证件有：护照、160表格、国外导师的简历和个人简介主页。

签证结束后，我就直接去办理了邮寄。

三点小经验：

（1）早去早结束，不妨比预约时间早到一些。

（2）签证主要是和专业有关。我事后有点后悔，觉得自己当时应该把专业再进一步阐述一下，或许有直接通过的可能。

（3）大家放宽心，一般而言，J-1签证的通过概率非常高。

网名：拒绝融化的冰

国内高校：四川大学

申请高校：马里兰大学

专业方向：生物医学

培养方式：攻读博士

签证和审核通过时间：审核23天

我签证的运气不好不坏，因为专业原因（生物医学）被审核了23天，下面把我当天签证遇到的问题大致回顾一下。

我预约的时间是下午1点，到达领事馆的时间是上午11:20，前面有将近20个人。事实证明早些到是非常正确的，中午12点的时候，后面的队伍已经排得非常长了，我们后面起码有40个人，已经排到了马路边上。因为长凳的位置有限，后面来的人只好全部站着等，幸好当天不是很热，不然还是比较辛苦。

将近1点的时候，开始放人。首先是验身份证和护照，在登记本上能找到预约信息的才可以放进去。但这个时候不会看你此前预约的具体时间，有位预约下午3点的女士就是和我们一起进去的。

下面一步就是进使馆了，要求存放手机、U盘之类的，所有携带的物品都要过安检，和机场的检查差不多。我当时犯了一个小错误，拿着别人过安检的小篮子就要跑进去，结果被保安喝住。使馆工作人员的态度都很好，但保安在人多急着维持秩序的时候有可能会吼两句。

进使馆后，领事馆有位女秘书会替你将资料分类，把必须资料拿出来，其余让你留在手里，若签证官问起再给。她同时还会将人分组，给你组号。有件事情特别提醒大家一下，在交给成都美领馆的DS-160表上，不要粘贴你的签证费收据，北京使馆才需要贴。我不清楚情况，已经把收据贴了上去，而且还粘得特别牢，让那位秘书可是费了一番功夫。

之后将女秘书分出的资料交到A窗口，然后等候。等待期间，工作人员会检查提交上去的DS-160表是否有错误，如果有错误必须改正后重新打印。所以特别提醒下还没有签证的同学，记着用U盘带上最终的DS-160申请文件，这样万一错了可以马上改正，不然肯定会耽误时间，甚至需要重新预约。因为DS-160表上有条形码，建议彩色激光打印。

下一步等叫到你的名字，在甲窗口（据说有的时候也可能在B窗口），取10个手指的指纹。甲窗口的女工作人员是使用汉语的，我等待期间一开始听甲窗口那位工作人员喊名字的时候汉语发音非常标准，还以为是中国人，结果后来听对方多叫一些名字才发现，有的时候对方音调并不是很准。等叫我名字的时候，我居然没听清楚，都叫了两遍我才反应过来是在叫我，还不得不上前问了句"请问是我吗？"确认。接下来发生的事情让当时同去的几位同学嬉笑不已，那位工作人员竟然因此觉得我汉语水平差，转而用英语跟我交流。我的天呀，她和其他人的对话可全是用汉语啊！下面是这位工作人员和我的对话：

SHE: So, what's your name?

Me: Er, Wang Zhiyong.

SHE: The exchange scholar?

Me: Yes.

SHE: Is this you? (She pointed at the picture of me.)

Me: Yes. (I am a little shy.)

SHE: Now please put your left hand on this screen.

Me: Like this? (Put the four fingers together, press.)

SHE: Good, then the right one.

Me: OK.

SHE: Er, then the thumbs.

Me: OK.

SHE: Good, it's OK.

Me: Thank you!

整个过程她会用手势比画，意思都很明确。等我下来后旁边的同学都开玩笑说："哥们儿，英语不错啊！"真是有点尴尬。

接下来就是按组别进行面签了，那位传说中的棕发美女签证官没出现，我不禁松了一口气。在我前面的大多很顺利，印象中只有一个被拒签了，原因不明。

快到我了，师兄在前面打头阵，我顺便听了一下他们的对答，心里有了谱。不过我最后还是由于项目涉及基因方面的研究而被审查。

到我了！下面是我们的交流对话：

Me: Hello, sir, I apply for J-1 visa.

VO: OK, let me see.（签证官开始看材料，并问了几个常规问题，比如学校、专业等。对方一般以反问句的形式提问，结尾都是"…, right？"，我的回答统统都是"yes"。）Em, do you know FXD?（备注：FXD是我师兄的名字。）

Me: Yes , my program is the same as his.

VO: Oh, I see. Then the same project?

Me: No, I did the research on anti-cancer medicine.

VO: You two are the same mentor?

Me: Right, both in China and in US.

VO: …?（我没听懂问题。）

Me: You mean my mentor's CV?

VO: Yes.

Me: In China or US?

VO: US.

Me: Here you are.

VO: And could you give me yours?

Me: Sure, here it is.

VO: …（我又没听懂。）

Me: I beg your pardon?

VO: …?（仍然没听懂。）

Me: Sorry, sir, there is too much noise outside. I can't hear clearly enough, so…（那签证官明白了我的意思，就开始用汉语讲了，我"阴谋"得逞。）

VO：我的意思是说，你这个项目是由谁资助的？

Me：我们学院，下面的材料里应该有资助函。

VO：哦，我看见了，能再说下你要做的项目吗？

Me：好的，抗癌药物方面的研究。

VO：嗯，是这样的，按照规定，需要行政审查，2至4周……

后面和其他人的就差不多了。

接下来他又用汉语问了我婚姻和家庭状况等一些问题，应该是例行公事吧。

对方把部分材料，包括护照邮寄回执（小白条）、绿色行政审理清单给我，让我去办邮寄。

虽然需要被审查，但我感觉结果可以接受。我总体感觉其实材料的准备远远比面试重要，只要大家材料齐全，一般对方不会直接拒签。我准备的材料如下：护照、DS-160表、照片、签证费收据、DS-2019表、Sevis费收据（我的是免费声明）、家庭照片（若有结婚证、房产证可以一并带上）、资金证明、研究计划、个人简历、中美双方导师简历。

最后祝大家都顺利通过签证！

网名：飞鸟与鱼
国内高校：四川大学
申请高校：华盛顿大学
专业方向：人类学
培养方式：联合培养博士
签证和审核通过时间：审核23天

我本来以为自己年龄大一点，心理素质应该更好一点，对于签证这样的事情不会再紧张了，所以一切准备工作都按部就班地进行着。签证前一天晚上睡觉前，我在心里默默想了下第二天可能会遇到的一些问题，想了想自己要怎样回答。我不喜欢提前把问题答案背下来，那样在签证官面前会很不自然，万一背得不熟，还会起反作用。也许已经很久没有临睡前想事情了，直到凌晨1点我还很清醒，只好又继续准备。

当天晚上收拾材料时我才发现自己少准备了一样关键材料——资金证明，其目的是让签证官相信我不会成为美国社会的负担。其实我的项目用不了自己准备的资金，但肯定是有备无患。其实我之前是有做好资金证明的，但原版被国外学校收走了，我只有复印件，银行又不能重复开证明。我之前想着凭复印件和其他材料就可以去说服签证官了，但是我又听说美国人是刻板的，他们习惯了按程序和要求来办事，不符合的就不给申诉和同情机会。事到临头，我真是后悔当初怎么早没想到去解决这个问题呢！这可能也是我当晚睡不好的原因，确实有心事啊！

我一大早6点就起床了，匆匆收拾完毕，再仔细检查了一遍资料，就打车直奔美领馆。到那儿不到7点已经排上几十号人了，终于见识了传说中美领馆门口排长龙的状况了。当时天还下着小雨……

我约的是9点半，但是门口武警告诉我其实时间上没那么严格，可以提前去排队，只要预约了当天上午的都有资格进入，早到早签。后来进去了才发现的确是难以准时的，即使你准时到，因为程序繁多，最后见到签证官的时间都是不确定的。等待的时间恰好又燃起了我去银行补办存款证明的希望。打电话给招行，对方说早上8点半上班，真是上天有眼，在最后给我一线生机。办好银行存款证明回到美领馆门口时刚好9点，人依然很多。我先是到队伍后面去排队，前面的阿姨告诉我，这里不是队伍，要到前面排队。原来他们都是来陪签的，因为要躲雨就到排队等待的地方了。我又仔细看了看，发现其实陪同的人比要签证的人还多。所以大家不要被签证的长龙吓到，先除以2再说。

不过看起不长的队伍其实移动起来很慢，据说要出来一个才能进去一个，而之前已经放进去几批人了。排队总是无聊的，这时前后排队的同行者就会很自然搭话了，相互打听签证经验以及各自的情况。排我前面的一位女孩子很清秀，小时候在成都，后来到了上海，现在要去美国学钢琴。再前面一位是个小男生，估计才高中毕业，要去美国读书，这次已经是第四次来办签证了，他三次被拒的经验给我们提供了很多的有用信息，比如进去后应该怎么办、哪个签证官好、哪些材料是必需的等。前面就三十多人的队伍排了1个小时，大约10点时我才到门口警卫验护照的地方。这才刚刚开始，接下来的顺序是：

（1）将护照和身份证从进门旁边的小窗口递进去，几分钟后会有人推开门叫人进去，一个一个地进。不能携带任何管制金属类物品，而雨伞也属于此类，我只能把伞放在门口的绿化带上（郁闷的是签证后出来发现我的伞不知道被谁拿走了）。

（2）进门后紧接着就是量体温，关手机，过安检，存包（免费）。

（3）走出安检室，往前10米处又进门才是签证大厅。进门后往右边是签证大厅，左边是传说中的美领馆图书馆，据说里面有很多英文资料，不少学英语的人喜欢到这里来免费借阅。

（4）所谓的签证大厅其实比我想象的小很多，本以为会有很多凳子让大家坐着排队，但实际上大家都站在中间，旁边只有少数凳子供孕妇或老年人坐。而本以为会有单独的空间和签证官交流，结果中间正对的四个窗口就是甲、乙、丙、丁四位签证官了。

（5）先到进门处的一位中国秘书那里，她会帮你把必要的材料都拿出来并整理好，然后到A号窗口处拿分组号。我被分到36组，之后的所有流程都会根据组数来进行。一个组4个人，基本都在同一个签证官那里，除非你之前已经被他拒签过。

（6）分组后，会有漫长的等待时间。大家又只能和萍水相逢的朋友相互交流消磨时间，当然也有可能因此认识朋友，遇到知己。

（7）漫长等待后，终于听到叫我的组号了，这时要先到B窗口取十指的手印资料。

（8）再经过等待，签证官叫到我的名字，便上前到对应窗口与他交流。我的签证官是一个挺帅的白人，看了我的资料大致问了下我的研究方向就给我通过了。通过签证后会扣下你的护照，给你一个取护照的单子到对面的巷子里去办理邮寄或者上门领取。即使自己去领取还是要交20元，邮寄30元。流水账完毕。

总结一下我的签证经验：

（1）准备材料前仔细查看美领馆网站的相关规定，把必要的材料认真准备好。

（2）不同的背景，签证官提问的侧重点不同。我的签证官就完全没有问我是否要回国的问题，因为公派出国的人员是必须回国服务两年的。而对普通留学人员，签证官应该就会关注他们之前的学位以及学成后的打算了。

（3）最好还是练好口语，会给自己加分。虽然签证官也可以说中文，但不是万不得已不要主动说中文。

（4）服装其实只要大方得体即可，没有太多的要求。面对号称崇尚自由的美国人，据说甚至可以穿睡衣去签证，但我觉得还是不要太离谱。

（5）如果没有听清楚问题就再问一次，不要乱去猜测问题而作答。

（6）不要将雨伞放在外面，容易丢。

祝大家都能顺利通过签证，我们这一年美领馆的签证形势看起来还是很喜人的，目测拒签率不高。

姓名：张渝
国内高校：四川大学
申请高校：麻省大学医学院
专业方向：临床医学（肿瘤学）
培养方式：联合培养博士
签证和审核通过时间：审核23天

我是下午去签证的。11点从华西出发，11:20到达美领馆，到达时武警刚宣布12点以后才开始排下午的号，于是就一直坐在长凳上等待。结果等到12:30还没动静，12:45左右才开始排队。首次签证的要求在靠墙一边的排队，补材料返签以及美国公民则在靠马路的一边排队。快1点时开始放人，先放补材料返签的和美国公民，放完后才是首签的人员。

第一步：交给武警护照、身份证，告知你的预约时间，武警核对名字后放行至窗口。

第二步：到左手窗口，从窗口送入护照、身份证，回到右手边窗口，等待放行。

第三步：进入美领馆第一个房间，关闭手机，存包，领通行卡（扣押身份证），穿过院子，进入签证大厅。

第四步：先由中国秘书整理材料，发放编号（组号），至A窗口交入秘书整理的材料，A窗口工作人员根据你的专业再要求你做具体材料补充，最后将所有材料整理好，放入他们的传递箱内，对方会告知你等待呼叫你的组号。

第五步：呼叫你的组号及名字，做指纹按压，继续等待签证官呼叫组号及名字。

第六步：签证官呼叫组号并叫你的名字，回答问题（我的问题：专业、学校、最高学历、到美从事的研究），被告知1个月后领签证。

第七步：拿着小白条，回到第一个房间，领包、身份证，到邮局办理签证服务。

下面是我签证面试的具体细节：

我是进得比较早的一批，看到了下午开始上班后美领馆的工作程序：先办理美国公民服务及返签人员的签证，之后才轮到我们。一开始形势一片大好，全部通过。有个办理F-1签证去读学位的女生，签证官用英文提问后她一个问题都答不上来也都通过了；我前面还有一个川大计算机联培的同学，也是直接通过了。轮到我时我心想，说不定今天就直接通过了，没想到签证官看了导师简历就直接问我是不是去做基因治疗研究的，我回答说是，她就直接告诉我需要审核1个月，给了张白条，把所有材料收了。

感觉不少专业都有机会直接通过，但敏感专业就有很大可能被审核。大家可以适当巧妙躲避，我原本是有尽量回避敏感专业的问题，说自己是学临床的，强调自己是医生，但是还是被签证官看到国外导师个人简历里面有"基因治疗"的内容，直接问我出去是不是去做这方面的研究，只能如实回答，签证官的下一句话就直接是"审查1个月"。

不过签证官还是很和善的，一直都保持微笑，大家不要紧张。

我用到的材料如下：

外国导师简历，外国导师的网上介绍，我的简历，研修计划，邀请函，国家留学基金管理委员会红头、蓝头文件。另外，国内导师简历在核查资料时就退还给我了。其他的我还准备了不少，也没用上。

祝后面的同学签证顺利，最好直接顺利通过！

网名：魔域雪原
国内高校：西南交通大学
申请高校：密歇根大学
专业方向：信息安全
培养方式：联合培养博士
签证和审核通过时间：审核18天

　　我J-1签证预约的时间是7月26日下午2点。听了同学的意见，我早上10点就从西南交大坐公交车出发，路上有点堵车，11点左右到达。本来以为下午2点的签证，11点出发都来得及，结果到美领馆的时候，队伍刚好把外面的长凳坐满，一问，基本都是下午1:30或者2点的预约，看来提前出发是正确的决定。如果是下午的预约，建议11点到美领馆排队正合适，我刚到了一会儿，队伍就排到马路对面了。

　　接下来就是排队，还好没一会儿就有凳子坐了，没那么累。一直等到下午2点，我才进去，在外面排了三个小时。进去后寄存东西，交材料，然后排队按指纹，等待别人叫到名字就开始面试，每一步都有指示，不用担心。下午先开了两个窗口面试，后来又增开了第三个。左边一个窗口是一位白人男士，貌似挺好过的，他一边吃东西，一边聊，一连通过了几个申请。中间一个窗口看起来是位亚裔女士，挺漂亮的，总是笑着和面试者聊，声音也比较大，比较清楚，貌似也比较容易通过，我在里面排队的2小时中，她只拒绝了一个签证。有一个申请F-1签证去读高中的男孩，美女签证官问他有几个学校接受了他的就读申请，他连这个都没听懂都通过了。右边窗口是一位白人女签证官，一直皱着眉头，说话有比较重的美国口音，而且听筒的音量也比较小。她在我之前连续拒签了好几个：一对老年夫妇去美国看儿子，被拒；一个申请F-1签证去美国读哲学博士的，被拒；还有个被拒过一次来重新申请签证，上次也就是这位签证官没通过申请，这次又遇到同一位签证官……看到这些，我们组的气氛一下子就紧张起来。在我之前的是我的一位师兄，学通信的，问了几个问题，结果是待审查。到我的时候主要对话如下：

签证官：你的专业？研究方向？

我：信息安全，×××。

签证官：国家资助？

我：是。

签证官：国内导师是谁？导师的简历？

我：×××。（询问导师的时候，我一开始没听清楚，胡乱回答了一个"No"，对方觉得奇怪，又重复了一遍问题我才听清楚了，真是尴尬。）

签证官：拿到硕士学位了？

我：没有，硕博连读。

签证官：在哪个学校拿的学士学位？

我：西南交通大学。

签证官：国内就读学院？

我：信息科学与技术学院。（她问这个问题时，我也没听清楚"院系"这个单词，丢脸。）

签证官：需要行政审查，大概一个月左右。

我：谢谢。

总的来说，只要把材料都准备好，不会有什么问题。除了规定的必要材料，还要准备研究计划、自己和国外导师的简历，另外还得把国内导师的简历准备好。签证官的问题也不难，但我的英语不够好，签证时有几个地方没听懂，确实有点尴尬。

网名：昭钊暮暮

国内高校：西南交通大学

申请高校：路易斯安那州立大学

专业方向：物流

培养方式：联合培养博士

签证和审核通过时间：直接通过

下面写写我直接通过签证的经历。

我是7月12号上午去面试的，约的是8点，于是我大约6点就出发，7:18左右到达美领馆。当时人还不多，大概十多个人在排队，我挺高兴，于是就放松下来去买了份早餐，结果情况完全改变。等我大概5分钟后回到美领馆的时候，一下子不知道从哪里来了那么多人，排起了长长的队伍，把前面的位置排得满满的，我只有排在最后面一个了。临时离开真是完全错误的决定！给后面同学的第一个重要提示是，一定要在早上7点15分以前赶到，否则排队的人会很多。

于是，我排呀排，排呀排，过了半个小时，队伍前进了差不多一半，我心里有点高兴，想着应该9点可以完吧。那个时候，来了辆长安车，车上下来十几个中年男子，队伍前面的几个男的大叫："这儿，这儿，有位置。"于是，十几个人挤到到我们前面，让我后面大概多排了两个小时！又过了半个小时，我终于差不多快排到最前面了，又来了第二辆长安车，前面的那批人又喊道："这儿，这儿，有位置。"我彻底愤怒了，振臂一呼："我们一大早就来了！怎么能插队呢？"于是群情激愤："去后面排队！去后面排队！"总算没有让这些人插队再次得逞。

这个插曲发生的时候差不多8点半，可是我渐渐发现了一个奇怪的现象，我排队的这一列接下来完全没有放人进入了，一直在放左手边的一列，一问才知道，他们是续签的。我当时还想，他们应该速度快点，很快就到我们了。结果却是，接下来我一直等到10:10，才终于放行我们这一列。我当时一度很愤怒，还向门口武警抗议，但是没有被理睬。武警10点换班时我才知道，续签的上午时间是8:30~10:00，所以在这个时间段，基本上只放行续签的。我真是又郁闷又愤怒，假如自己没有临时决定去买早点耽误了5分钟，我早就进去了；假如那些男子第一次插队时我就大声抗议，我也早就进去了。所以，我想再次提醒大家注意：早上去签证的，在7:15之前务必赶到领事馆，否则就很可能像我一样耽误到11点才面试完。

终于轮到我了，我很兴奋地进去了，检查，领牌，进屋……一切正常进行。等我进入小屋子以后才发现，屋子确实很小，不过，当我看到传说中收材料的漂亮女秘书的时候，所有的疲倦顿时一扫而空。

轮到我们了。

美女秘书："你是CSC资助的吗？"

"是的。"

"那麻烦你将邀请函、DS-2019、录取通知（红头）、资助证明（蓝头）、SEVIS fee收据、护照给我。"

对方整理好后，让我把材料交给下一个窗口。窗口工作人员只问了我一个问题："是CSC资助吗？"

"嗯。"

"好的，一会儿等按指纹。"

于是，很顺利，等了一会叫我按指纹。

我给大家的第二个重要提示是：按指纹的时候请一定将手上的汗液擦干。

按完之后，我就继续开始等。那个时候，甲、乙、丙三个窗口，只有甲窗口的小个子白人男签证官在工作，另外两个窗口的白人男签证官和看起来像是印度裔的男签证官在休息。

甲窗口的白人男签证官很和蔼，我看到基本都通过了。

过了一会，乙窗口的白人男签证官准备工作了，他看起来很严肃，开始叫道："36组的。"我心里咯噔一下，我不就是36组的吗？怎么没有被分到甲窗口的和蔼大哥啊！

签证官叫了第一个名字，一个十五六岁的小女孩走上前去，她好像不会说英语，两个人就用汉语聊了起来。我只记得他们对答的几个问题。其中一个问题是："你有房产吗？"小女孩的回答是："有。"我不禁有些感叹。过了一会，两人对答完毕，白人签证官起身走到里面（为什么会站起来呢？），貌似

和同事商量了几分钟，然后出来说："嗯，对不起……"我都不知道这个女孩到底是被审查还是被拒签了。

我当时心里有种不祥的预兆，想着下一个不会是自己吧。结果就听到签证官叫道："张钊。"这位白人签证官真的就叫到我了，汉语还很标准。但是我尽量保持沉稳，告诉自己越是重要场合越要沉稳，抱着我加起来有30厘米厚的两本资料，走上前，露出自信的微笑。下面是我们的对答：

Me: Nice to meet you.

VO: Nice to meet you, too. (He is so nice.) What's your major?

Me: My major is Traffic Engineering, and I will conduct research about traffic demand estimate and management under emergency.

VO: OK ... ?

Me: Pardon?

VO: ... ?

Me: Pardon? (I still didn't follow him.)

VO: …

我欲哭无泪，真是越慌越听不懂。对方也被我难住了，于是他重新换了个问题，当然也许是换了个说法，问我："What's your research plan?"我暗自庆幸，终于问到我之前准备过的问题了，于是我马上洋洋洒洒回答道：

Firstly, When I reached LSU, I'll learn to use the TRANSIMS regional multimodal evacuation model developed in LSU, then acquisit and convert the existing New Orlean, Houston-Galveston data to GIS-format data.

Secondly, based on the data collected, we can build a modal for alternative evacuation scenarios. Develop traffic policies and management plans under emergencies.

Thirdly, I plan to build an evacuation traffic demand estimate modal and management. Based on the result, I can prepare for my doctoral thesis, then I can take the defence of my doctoral degree after I return to China.

　　签证官更加和蔼了，往电脑里面敲了敲资料，然后一边敲一边问我："你结婚了吗？"（他竟然换用中文了，估计是有点不相信我的英语水平。）

　　我：呵呵，还没有。
　　签证官：好，没有问题。拿这个白单子到对面楼上的邮局办理邮寄吧。
　　我：谢谢！（我简直不敢相信就这么顺利结束了，看着白人签证官友善的眼神，我总算确信自己已经通过了。）

　　我快活得像只兔子，近乎弹跳着出了小屋子。
　　第三件提醒大家的重要事项：一定要充分阐述自己的研究计划，以让对方确认你的研究能力。此外，要在回答问题的时候，不断暗示对方，自己学成后肯定要回国。
　　最后就是去邮局了。大家注意，虽然可以选择自己去取，但还是要交20元钱。
　　祝大家都顺利通过签证！

网名：远远的云
国内高校：四川大学
申请高校：宾夕法尼亚大学
专业方向：口腔基础医学
培养方式：联合培养博士
签证和审核通过时间：行政审查，时间2~4周

　　我预约的签证时间是22号下午1:30，我是接近12点从宿舍出发骑自行车去的，到了那把自行车放在附近建设银行门口就去排队了。我到的时候队伍已经排到对面那条街上了，之后就是漫长的等待，直到1点开始陆陆续续地放人进

去。先是交护照和身份证，然后到里面安检，把手机和优盘等物品寄存。之后就到签证大厅交材料，按手印，等待面试。

我被分到乙窗口的一位男签证官，他人很好，首先微笑着跟我打招呼，让我一点都不紧张。打完招呼签证官就不停地往电脑里录入资料，间歇问我是否是访问学者，然后继续录入资料；之后又问我以前去过哪些国家，我回答哪儿都没去过；结果他结束提问了，告诉我要被行政审查2至4周，说我可以去邮局交钱了；我致谢后就顺利离开了。我的感觉就是签证官都很好，态度很和蔼，所以大家真的完全不必紧张。

网名：WenEr
国内高校：电子科技大学
申请高校：加州大学圣塔巴巴拉分校
专业方向：光学工程
培养方式：联合培养博士
签证和审核通过时间：行政审查

我签证结束后被审查了，说说自己的签证经历吧，希望对大家有点帮助。

签证时间：7月20日下午2点。

到达时间：10点半到达美领馆，中途离开，11点半返回后开始坐在外面长廊的凳子上等待。

进门时间：下午1点（交护照和身份证）。

我在签证大厅的经历如下：

先把材料给门口的秘书核对，然后她给了我一张带有编号的单子（也就是告诉你被分到哪一组，一般是5个人一个组）。整理好的材料交给了A窗口的女士，其间问了我一些问题，比如我的最高学历之类的。交上去的材料包括护照、照片、签证费收据、SEVIS收据、DS-160表、DS-2019表、邀请函、研究计划、个人简历、国外导师的简历、国家的资助证明（中英文）。最后用到的材料也只有这些。

等了一会儿，就去B窗口采集指纹，10个手指的指纹都要采集。签证窗口有甲、乙、丙、丁四个，丁窗口的签证官只负责为美国人办签证，基本30秒通过一个。听说甲窗口是一位金发美女，但由于我站的位置的问题，我一直只听得到她的声音，没看到她的样子。乙窗口和丙窗口都是两个白人男签证官，看起来蛮亲切的，中文也说得很纯正，就是英语的语速有点快，我等待的时候听了他们的一些对话觉得有点听不懂。

我们组被分到丙窗口。我前面的两个男生是申请F-1签证，被问了好久，而且有一个好像还被拒签了，搞得周围的人都有点紧张。轮到我了，他一看我材料是申请J-1签证，又是公派，用英语只问了我三个问题：（1）你是到某某学校吗？（2）你的专业是什么？（3）是国家留学基金委员会资助你的吗？然后就开始往电脑里录入资料，并把SEVIS收据、邀请函和国家的资助证明（中英文）都还给了我。我等了一小会儿，签证官开始用中文和我聊了几句，然后又用中文告诉我要行政审查，并给了我一张小白条和一张绿色的单子。我还能说什么呢，只能说"Of course"。他又安慰我说这是必要的程序，要等2至4周。我点点头道谢，他笑着对我说了一句"Good luck"。然后我就拿着资料走了，出门后才想起来要至少要跟人家说句"再见"啊，太不礼貌了。

我那天下午去办签证的人大概有一百来个，没有传说中的那么拥挤。

3.3.2 面签小结

首先要感谢以上提供"面签实录"帮助我们现场回放的同学们。编者发现，因为一些特殊原因，很多公派直接攻读博士学位的同学一放假就回家了，所以他们大部分都没有在成都申请签证，所以直博同学的签证经验稀缺成了编者的遗憾。针对申请签证类型的不同，签证官对攻读博士学位的同学和联培的同学问问题的侧重点自然也不同。很多申请去美国读学位的同学可能更关心的也是这个问题，编者之前也看过不少签证经验，其中很多都是申请攻读学位的同学倒苦水，描述"受难"经过。我们发现，签证官对攻读学位同学的提问主要集中在获得学位后是否回国的问题上，因为对方有理由怀疑你具有移民倾向（移民倾向是签证官拒绝通过签证用得最多的理由）。

编者自己在签证的时候看到，很多准备去美国攻读学位的人在等候签证时

还在紧张兮兮地背诵面试对答材料，内容千篇一律，大致是未来世界的中心在中国，自己的专业以后在中国具有更大的发展潜力，自己以后可以在中国获得比美国更好的发展机会等。编者倒并不是说这些对答材料的内容不好，但是我们换一个角度去想，签证官每天要面对成百的签证申请人，除了探亲、访学的以外，恐怕剩下的都是攻读学位的，如果第一个这么说，签证官会信，第二个，第三个……签证官相信的概率肯定会逐渐降低，到了第10个，如果你还是去背这些材料的话，那么几乎可以肯定结果会有些悲剧。更何况签证官每天都会被人念经似地念叨这些材料。如果你是签证官，到了后期你也完全有可能会不耐烦地找些理由拒绝掉一些人，所以现实中也就会出现令大家谈虎色变的一组一组地拒签的情况。

但是编者要澄清一点，我们并不是全盘否决这些准备材料的价值，不准备更不现实，因为这些材料毕竟是大家经验教训的总结。我们的建议是，大家不要生搬硬套地背材料，不妨适当地灵活一些。签证官也是人，更是美国人，在很多美国人的观念里面，家庭第一（Family above all），所以当签证官问我们是否回国的时候，我们也完全可以加进去一些温情元素，向对方展示你观念里面的亲情因素。你可以说明，为了和自己的家人团聚，你会回国。加入了温情，会放松与签证官之间的气氛，运气好的话，还能增加对方对你的好感，通过的机会自然就会增加。当然，以上也只是编者举的一个例子，目的是为了让大家灵活运用相关签证准备材料，适当打出能感动签证官的牌！

再次强调，编者虽然让大家不要生搬硬套资料，但是并没有否定资料准备的作用。为了弥补本节缺少公派直接攻读博士学位同学的面签实录的遗憾，编者在下面做一下小小的弥补，附上网上找到的"赴美签证108问"。如果大家还想准备得更充分一些，可以上网找一下"108问"的模拟现场录音，提前感受签证时麦克声音不好、现场嘈杂的感觉。

(1) What will you study in the United States?

(2) What is your major?

　　In what aspect of your major will you study?

　　Can it be used to military utilities?

　　What is your favorite subject? (*)

(3) What will you do in the USA?

(4) Are you going to study in the USA?

(5) When/where did you get your BS/MS?

(6) Where are you working now? (*)

(7) How long will you study in the USA?

(8) Have you any scholarship?

(9) What do you want to study in the USA?

(10) What will you do with your PhD work?

(11) What is your purpose for the visa?

(12) What is your academic background?

(13) How do you know this University?

(14) What is your plan?

     What will you do after graduation? Why?

     What kind of job can you find in the future?

(15) Give me three reasons that you will come back to China?

(16) Can you explain why 90% Chinese students didn't come back?

(17) Why do you choose this University?

(18) Why do you like your major?

(19) Why do you want to study in the USA?

(20) Why do you want to pursue a master's/doctoral degree?

(21) Why do you receive financial aid from this University?

(22) What difficult class do you have?

(23) Do you want your wife to go with you? (*)

(24) What's your name?

(25) What institution did you attend and what was your major?

(26) What have you done after you graduated from university? (*)

(27) Why do you want to go to the United States for further study?

(28) Why do you think it is time for you to pursue master's/doctoral degree now?

(29) Why do you want to study *** in the US?

(30) Many universities in China offer first-rate graduate programs in ***. Why do you want to go to the USA for graduate study?

(31) What is your ultimate academic goal?

(32) How many institutions have you applied, and who are they?

Did any other school admit you?

(33) Why did you choose *** University?

How much do you know about the university?

(34) Do you have any relatives in the United States?

(35) What do your parents do?

(36) How much do you expect you will have to spend each year in the United States? (*)

(37) How do you support yourself during your studies in the United States?

(38) Do you plan to seek financial support in the US? (*)

(39) Who will be your sponsor? (*)

How much is his/her annual income and what will be the amount you receive annually? (*)

Do you have a bank deposit certification? (*)

(40) Do you plan to seek employment in the US after you have completed your studies?

(41) How long does it take to commute to your work place? (*)

(42) What do you think of the Western Development in China?

(43) How long have you prepared your visa interview? Have you prepared the interview in New Oriental?

(44) How long have you prepared for GRE? Did you cheat?

(45) Are you a worker or a student now?

(46) Where are you from? Where is your hometown?

(47) How much do you earn now? (*)

How much will you earn when you come back?

(48) Do you know which school is the best in your major? What else?

(49) What does your major mean?

(50) What will you study in this major? What courses?

(51) If you say you will be a teacher in the future, what will you teach?

(52) What's the difference between your major now and the major in the USA?

(53) When will you arrive in the US?

(54) What is your dream?

(55) What is the thing you like best in America/China?

(56) What is the thing you don't like most about America/China?

(57) Can you give an example of your topic that is applied in our daily life?

(58) Why do you change your major? (*)

(59) What is your favorite pet? Why? (*)

(60) What's your best or worst quality?

(61) What do you think is the best/worst thing of the US?

(62) Have you ever been to nations aside of China? Have you ever gone abroad?

(63) What's your favorite food?

(64) Have you any bank deposit? (*)

(65) What kind of work will you do for this assistantship?

     What's your duty as a TA/RA?

(66) Is your transcript original?

(67) How old are you?

(68) Do you have any relatives in the US?

(69) When did you take the T/G test?

(70) What score did you get among T/G test?

(71) Can you talk something about the course **? (*)

(72) Do you have sisters or brothers?

(73) How long have you been in Beijing?

(74) Why do you live in Beijing/Chengdu?

(75) What's your hobby? What do you do in your spare time?

(76) What is your current project in your company? (*)

What are you responsible for in your present post? (*)

(77) How many years have your worked? (*)

(78) Can you tell me which assistantship they give you? TA or RA?

(79) What will you teach? (*)

(80) What is your favorite American movie?

(81) Who do you think is the best president of the US?

(82) Where is your HUKOU(户口)?

(83) Do you have a girlfriend/boyfriend?

Where is she/he?

Are you sure your girlfriend/boyfriend will keep relation with you during your graduate study?

(84) Who is the greatest leader in the world? Why?

(85) Who is your advisor?

(86) Have you any scholarship?

(87) Which is your favorite restaurant/cafe?

(88) What's the difference between your major now and the major in the USA?

(89) Where do you live?

Where will you live?

(90) Why did you choose your present job? (*)

(91) What will you do if you can't find a position in the big company/*** university?

(92) Your assistantship is for one year, then how about the following years?

(93) What is your dissertation about?

What is your specific research of your undergraduate paper?

(94) You can make more money in the US, why don't you want to earn more? Why will you come back to China instead of finding a job in America?

(95) Where is your company? (*)

(96) What development/programming tools do you use?(CS) (*)

(97) Do you have a business card?

  Do you have a name card? (*)

(98) Why have you quit your job? (*)

(99) How did you take the GRE?

(100) Is *** the first university to give you an offer?

(101) Will you come back to this company after graduation? (*)

(102) What have you done in your research?

(103) Are you a top student in your school? What about your ranking in your class?

(104) Do you have a cup of coffee every morning?

(105) What kind of computer do you have?

(106) What is your favorite color?

(107) (Set up my own company about****) Is it difficult? (*)

(108) Would you like to accept the yellow card and go to window 10?

最后附上签证小贴士：

（1）签证前一定要准备充分，无论是在材料上还是在心理上。能带上的材料尽量带上，千万不要因为材料不足而失去一次性通过签证的机会；在心理上要足够重视签证，但也不要把自己搞得紧张兮兮。

（2）签证的人很多，建议大家提前去排队，争取尽早结束签证。另外由于排队时间较长，大家要做好充分准备，冬天要注意保暖，夏天要注意避暑。当然如果你运气非常好，在签证那天，冬天艳阳高照，夏日凉风习习，那就另当别论。

（3）做好中午排队不能去吃饭的思想准备，可以考虑带一些填饱肚子的小点心，巧克力是不错的选择。另外特别提醒爱美的女同学们尽量穿漂亮的平底鞋，而不要穿高跟鞋，因为签证排队时基本上需要一直站着，真的是一次非常严峻的考验。

（4）注意保管自己所携带的物品，因为签证时需要存包，所以尽量不要

带贵重物品。

（5）面对签证官时不要紧张，对方不会故意为难你，只要大家准备充分，最后都能顺利到达大洋彼岸。

最后，祝愿所有的同学签证顺利，梦想成真！

（张玉荣、谭惠文）

4
行前准备

4.1　国航行李托运规定

由于大家出国大部分都是坐国航的飞机，所以下面附上国航托运行李的标准，供大家参考。

4.1.1　非托运行李（免费随身携带物品）

非托运行李的体积应能置于旅客的前排座椅下或封闭式行李架内。

A. 免费随身携带物品的重量，每位头等舱、公务舱旅客以8千克为限，每位经济舱旅客以5千克（11磅）为限；

B. 持头等舱、公务舱客票的旅客，每人可随身携带两件物品；

持经济舱客票的旅客，每人可随身携带一件物品。每件随身携带物品的长、宽、高分别不超过55厘米（21英寸）、40厘米（15英寸）、20厘米（7英寸）；

C. 超过上述重量、件数、体积限制的物品，应作为托运行李托运。

下列物品不得作为行李或夹入行李内托运，也不得作为免费随身携带物品带入客舱运输：

危险品、枪支（猎枪和体育运动用枪支除外）、军用或警用械具类（含主要零部件）、管制刀具。活体动物、带有明显异味的鲜活易腐物品（如：海鲜、榴梿等）。

4.1.2 托运行李

美国、加拿大、巴西航线经济舱行李免费托运规定

在执行计件制行李运输的航线上，每名乘客可免费托运两件行李，每件行李重量不得超出23千克（50磅），每件行李的三边之和不得超过158厘米（62英寸），两件行李的三边之和不得超过273厘米（107英寸）。

公务舱与头等舱免费托运行李规定

在执行计件制行李运输的航线上，每名乘客可免费托运两件行李，每件行李重量不得超出32千克（70磅），每件行李的三边之和不得超过158厘米（62英寸）。

白金卡会员行李免费托运规定

在执行计件制行李运输的航线上，白金卡会员在原有舱位的免费行李额上增加1件免费行李。每件行李重量限额为：头等舱/公务舱32千克、经济舱23千克，每件行李三边之和不得超过158厘米。

金卡会员免费托运行李规定

在执行计件制行李运输的航线上，金卡会员在原有舱位的免费行李额上增加1件免费行李。每件行李重量限额为：头等舱/公务舱32千克、经济舱23千克，每件行李三边之和不得超过158厘米。

银卡会员免费托运行李规定

在执行计件制行李运输的航线上，银卡会员乘坐国航实际运营挂国航航班代码航班时，在原有舱位的免费行李额上增加1件免费行李。每件行李重量限额为：头等舱/公务舱32千克、经济舱23千克，每件行李三边之和不得超过158厘米。

按成人票价10%购买机票的婴儿行李免费托运规定

在执行计件制行李运输的航线上，可免费托运一件行李，重量不得超出23千克，每件行李的三边之和不得超过115厘米（45英寸）。

另可免费托运一辆折叠式婴儿车或摇篮。如客舱空间允许，在征得乘务长同意后可带入客舱。

尺寸和重量超标的行李

中美、中巴航线每件重量超过45千克以上的行李不予收运。

中加航线每件重量超过32千克以上的行李不予收运。

托运行李包装

托运行李应进行适当包装和固定，以保证能承受一定的压力，且在正常操作条件下可以安全地被卸载和运输。托运行李的包装还应遵守以下规定：

- 旅行箱、旅行袋和手提袋应锁好，避免遭窃。
- 两个或两个以上行李袋不能捆扎成一个。
- 额外物品不得填塞至托运行李包。
- 竹制编织筐、网袋、绳子、草袋、塑料袋不得缠绕于行李四周。
- 乘客姓名、具体地址和电话号码应在行李包内侧和外侧写明。

不允许作为托运行李或夹入行李内托运的物品

托运行李中不得放置或夹带下列物品。国航对托运行李中放置或夹带下述物品的遗失和损坏，按一般托运行李承担责任。

现金、有价票证、珠宝、贵重金属及其制品、古玩字画、电脑、个人电子设备、样品等贵重物品，易碎或易损坏物品，易腐物品，锂电池，重要文件和资料，旅行证件等物品以及个人需定时服用的处方药。详情请向国航当地营业部查询。

三边之和不超过158厘米（62英寸）、可视作行李的物品如下：

- 睡袋或铺盖卷。
- 帆布背包、背囊等。
- 滑雪板/滑雪设施——包含一对滑雪橇/一副滑雪板和滑雪杆的滑雪背包。包含一双滑雪靴的足袋。
- 高尔夫用具——包含高尔夫球棒和一双高尔夫球鞋的高尔

夫袋。

· 桶形袋。

· 自行车——单座旅行自行车或赛车，非机动型，包装符合规定，手把旋向两边，脚踏板卸下。

· 标准滑水板、尾波板或一对标准滑水橇。

· 钓鱼用具——经过适当的包装，其数量不超过两副钓竿、一副卷轴、一副抄网、一双钓鱼靴和一个工具盒。

· 运动枪支——一个步枪盒，内装步枪不超过两支、火药不超过5千克（11磅）、一个射击垫、一个消音器和一件小型步枪工具，或两支散弹猎枪和两个散弹猎枪盒，或一只手枪盒，包含5把以内手枪、5千克（11磅）火药、消音器、一部手枪望远镜和一件小型手枪工具。此类火器的可接受性视携带者的具体情况而定。

· 长度不超过100厘米（39英寸）的乐器。

国内航线和除美国、加拿大、巴西航线以外的国际航线行李免费托运规定

托运行李指旅客交由国航负责照管和运输，并拴挂行李识别标签的行李。

经济舱行李免费托运规定

在执行计重制行李运输的航线上，持成人或儿童客票的旅客免费托运行李额为20千克（44磅）。

公务舱与头等舱免费托运行李规定

在执行计重制行李运输的航线上，持成人或儿童客票的旅客免费托运行李额为头等舱40千克（88磅），公务舱30千克（66磅）。

白金卡会员行李免费托运规定

· 在执行计重制行李运输的航线上，无论购买何等级舱位的机票，白金卡会员在原有舱位的免费行李额上增加30千克免费行李额。

金卡会员免费托运行李规定

·在执行计重制行李运输的航线上，无论购买何等级舱位的机票，金卡会员在原有舱位的免费行李额上增加20千克免费行李额。

银卡会员免费托运行李规定

·在执行计重制行李运输的航线上，无论购买何等级舱位的机票，银卡会员在原有舱位的免费行李额上增加20千克免费行李额。

按成人票价10%购买机票的婴儿行李免费托运规定

·在执行计重制行李运输的航线上，免费托运行李额为10千克（22磅）。

·如客舱空间允许，并在征得乘务长同意后，可免费托运一辆折叠式婴儿车或摇篮。

尺寸和重量超标的行李

逾重行李费率以每千克按始发地至目的地公布的单程、直达、经济舱（Y舱）成人票价（填开逾重行李票所在国家或地区货币）的1.5%计算。如无公布直达票价，则采用分段相加的方法计算。

托运行李的体积及重量限制

·在计重制航线，乘坐国际或地区航班的旅客每件托运行李的最大重量不得超过32千克；乘坐国际或地区与国内联运航班的旅客，每件托运行李的最大重量不得超过32千克；乘坐国内航班的旅客每件托运行李的最大重量不得超过50千克。

·每件托运行李的长、宽、高不得超过100厘米、60厘米、40厘米。超过体积或重量的行李，应作为货物运输。

·每件托运行李的最小重量不得低于2千克，长、宽、高分别不得小于30厘米、20厘米、10厘米。

托运行李包装

托运行李应进行适当包装和固定，以保证能承受一定的压力，且在正常操作条件下可以安全地被卸载和运输。托运行李的包装还应遵守以下规定：

- 旅行箱、旅行袋和手提袋应锁好，避免遭窃。
- 两个或两个以上行李袋不能捆扎成一个。
- 额外物品不得填塞至托运行李包。
- 竹制编织筐、网袋、绳子、草袋、塑料袋不得缠绕于行李四周。
- 乘客姓名、具体地址和电话号码应在行李包内侧和外侧写明。

不允许作为托运行李或夹入行李内托运的物品

托运行李中不得放置或夹带下列物品。国航对托运行李中放置或夹带下述物品的遗失和损坏，按一般托运行李承担责任。

现金、有价票证、珠宝、贵重金属及其制品、古玩字画、电脑、个人电子设备、样品等贵重物品，易碎或易损坏物品，易腐物品，锂电池，重要文件和资料，旅行证件等物品以及个人需定时服用的处方药。

三边之和不超过158厘米（62英寸）、可视作行李的物品如下：

- 睡袋或铺盖卷。
- 帆布背包、背囊等。
- 滑雪板/滑雪设施——包含一对滑雪橇/一副滑雪板和滑雪杆的滑雪背包。包含一双滑雪靴的足袋。
- 高尔夫用具——包含高尔夫球棒和一双高尔夫球鞋的高尔夫袋。
- 桶形袋。
- 自行车——单座旅行自行车或赛车，非机动型，包装符合规定，手把旋向两边，脚踏板卸下。
- 标准滑水板，尾波板或一对标准滑水橇。
- 钓鱼用具——经过适当的包装，其数量不超过两副钓竿、一副卷轴、一副抄网、一双钓鱼靴和一个工具盒。
- 运动枪支——一个步枪盒，内装步枪不超过两支、火药不超过5千克（11磅）、一个射击垫、一个消音器和一件小型步枪工具，或两支散弹猎枪和两个散弹猎枪盒，或一只手枪盒，包含5把以内手枪、5千克（11磅）火药、消音器、一部手枪望远镜和一件小型手枪工具。此类火器的可接受性视携带者的具体情况而定。

· 长度不超过100厘米（39英寸）的乐器。

限制运输物品/危险物品

不能当作行李运输的物品

根据中国民航（CAAC）的规定，下列物品不得作为随身或托运行李运输：危险物品——

· 爆炸品、易燃气体、易燃液体、易燃固体、自燃物质和遇水释放燃烧气体的物质、氧化剂和有机过氧物、毒性物质、传染性物质、放射性物质、腐蚀性物质或其他危险物质。

· 枪支、弹药，受管制的刀具或类似物品。

· 由中华人民共和国国务院批准、公安部颁布的《对部分刀具实行管制的暂行规定》中列出的管制刀具，包括匕首、三棱刀（包括机械加工用的三棱刮刀）、带有自锁装置的弹簧刀、单刃刀、长于匕首的双刃刀，以及其他类似刀具。

请注意，符合航空公司规定的狩猎设备、体育设备、古董及旅行纪念品可被视作行李。

根据航空安全需要，中国民用航空局决定：从4月7日起，禁止旅客随身携带打火机、火柴乘坐民航飞机。由此给您带来的不便，请您谅解，感谢您的理解与合作。

不得作为行李托运的物品

下列物品不得作为行李托运。如下列物品因乘客本身的过失而丢失，国航不承担责任，也不会按照丢失行李的规定给予赔偿。

· 重要文件或商业文件

· 证券

- 货币
- 银行汇票
- 珠宝
- 贵金属与金属制品
- 古董、字画
- 易碎物品
- 易腐烂物品
- 样品
- 绝版印刷品或手稿
- 旅行证明文件
- 电子/视频/摄像设备
- 手机、随身听、计算机软硬件
- 按时服用的药物

需征得国航同意方可运输的物品

A. 精密仪器、电子产品及精密设备

电视、音响、洗衣机、电冰箱、计算机、录音机等应作为托运行李托运，在托运时应具有出厂包装或符合国航要求的包装。上述物品不在免费托运行李之列，应作为超重行李收取费用。国航将根据托运行李的政策规定对此类物品承担责任。

B. 体育运动设施

体育用枪支与弹药应作为托运行李托运，托运时必须出具有关部门发放的运输证明并与证明一起托运。此类物品应上锁并分别包装，并在托运前获得国航的托运批准。每乘客可托运弹药限额为5千克（11磅）（毛重）。团体旅行的乘客应将其弹药分别包装。此类物品不在免费托运行李之列，应作为超重行李收取费用。运输枪支与弹药的乘客应在启程前90分钟内完成所有检查手续。

C. 动物

需要运送小动物（如宠物猫或宠物狗）的乘客请与国航联系。乘客应提供动物检疫证明及小动物进出或通过中国国境的有效证明。小动物不得被带入客舱，应作为托运行李托运。小动物及其容器将作为超重行李收费。如果目的地国家拒绝乘客携带的小动物入境，或小动物在运输过程中受伤、丢失、延误、生病、死亡，国航不为此承担任何责任。

运送小动物的笼子应符合以下规定：

- 能防止小动物对任何人、行李、货物或飞机造成伤害。
- 体积足够大，以确保小动物拥有活动空间和通风条件，避免窒息。
- 两只14千克（30磅）以下的小动物应使用同一笼子运送。
- 14千克（30磅）以上的小动物应使用单独笼子运送。
- 三只六个月以内的小动物可单独使用笼子，也可共用一只笼子运送。

请注意，国航有权拒绝托运任何野性未驯或具有危险性的动物。

请登录国航中国客户网站有关动植物检疫的网页，了解更多详细信息：www.ntsb.gov，www.tc.gc.ca，www.catsa.gc.ca。

乘客在旅途中使用的折叠式或电子轮椅

手动和电子轮椅均作为托运行李托运。两者均属于免费托运行李，不计算在免费托运行李限额内。如果乘客在办理登记手续过程中需要使用轮椅，在经过国航许可后，轮椅在旅客登机时在登机口交运。

电动轮椅在托运时，其包装应该符合下列要求：

- 带有防漏型电池的轮椅：确保电池不发生短路且安全地安装在轮椅上。
- 装有非防漏型电池的轮椅：电池不能安装在轮椅上，并应带有保护性包装。包装应该具有防漏功能，并且用绑扎带、固定架或支架将其固定在集装板上或货舱内。确保电池不发生短路，并且周围用合适的吸附材料填满，以吸收任何泄漏液体。
- 包装上应该标有"BATTERY, WET, WHEELCHAIR"（轮椅用

电池、潮湿）或 "BATTERY, WET, WITH MOBILITY AID" （代步工具用电池、潮湿）字样。并加贴 "CORROSIVE" （腐蚀性）标签和 "UPWARD" （向上）标签。

关于轮椅托运的更多信息，请与当地业务部或营业部联系。

利器与钝器

刀刃短于6厘米（2.4英寸）的医疗器械以及刀刃在6厘米（2.4英寸）以上的专用尖锐切割工具和钝器。包括生产生活工具，如厨刀、水果刀、餐刀、工艺用刀、手术刀、剪刀、镰刀、表演工具、剑、标枪、古董或旅行纪念品、铁刺、斧头、短棒、铅锤等。此类工具应作为托运行李运送，不得携入客舱。

干冰、液体饮料、液体化妆品及日用品

干冰既可托运也可作为随身行李携入客舱。干冰应在低温下冷藏，每位乘客携带的干冰总重量不应超过2千克（4.4磅）。根据中国民航的规定，每名乘客不得携带两瓶（每瓶容积不超过500毫升）以上碳酸饮料、矿泉水、茶、牛奶、酸奶、果汁等。乘客可在通过机场安检或符合限制规定的情况下购买饮料。除安检后在机场购买的酒精饮料外，乘客不得携带其他酒精饮料。每名乘客可携带两瓶1千克以下酒精饮料，总体积不得超过1000毫升。

乘客可携带350毫升以下瓶装衣领净、摩丝、增白剂、杀虫剂及空气清新剂。携带香水的体积应在500毫升以下。乘客不得携带任何体积超过1000毫升或重量超过1千克（2.2磅）的类似物品。

关于禁止旅客随身携带液态物品乘坐国内航班的公告

为维护旅客生命财产安全，中国民用航空总局决定调整旅客随身携带液态物品乘坐国内航班的相关措施，现公告如下：

一、乘坐国内航班的旅客一律禁止随身携带液态物品，但可办理交运，其包装应符合民航运输有关规定。

二、旅客携带少量旅行自用的化妆品，每种化妆品限带一件，其容器容积不得超过100毫升，并应置于独立袋内，接受开瓶检查。

三、来自境外需在中国境内机场转乘国内航班的旅客，其携带入境的免税液态物品应置于袋体完好无损且封口的透明塑料袋内，并需出示购物凭证，经安全检查确认无疑后方可携带。

四、有婴儿随行的旅客，购票时可向航空公司申请，由航空公司在机上免费提供液态乳制品；糖尿病患者或其他患者携带必需的液态药品，经安全检查确认无疑后，交由机组保管。

五、乘坐国际、地区航班的旅客，其携带的液态物品仍执行中国民用航空总局2007年3月17日发布的《关于限制携带液态物品乘坐民航飞机的公告》中有关规定。

六、旅客因违反上述规定造成误机等后果的，责任自负。

4.2 国家公派留学出国前须办理的手续

4.2.1 领取录取材料

国家留学基金管理委员会将录取材料发放至各受理单位，由其转发至留学人员本人。

录取材料包括：

（1）录取函件（复印件）；

（2）《国家留学基金资助出国留学资格证书》1份（中文）；

（3）资助证明2份（英文）；

（4）《资助出国留学协议书》6份（西部项目与地方合作项目7份）；

（5）《出国留学人员须知》（登录"国家留学网"下载）。

请务必在《国家留学基金资助出国留学资格证书》注明的留学资格有效期到期前出国。资格有效期到期后资格自动作废。

4.2.2 语言要求

部分项目录取人员未达到《国家留学基金资助出国留学外语条件》合格标准的，办理派出手续前必须达到规定要求。留学国家办理签证、留学单位另有语言要求的，应同时达到相关要求。

外语水平未达到合格标准的，应按要求通过相应考试或培训。培训须在教育部指定出国留学人员培训部进行，培训部名单及联系方式请查阅"国家留学网"。

4.2.3 提交补充材料

部分留学人员办理派出手续前，须提交相关补充材料，经国家留学基金委审核同意后方可办理。

请登录"国家公派留学管理信息平台"查询是否须提交补充材料。如需提交，请按提示上传相关材料，办理结果直接在网上查看，无纸质通知。

4.2.4 选择留学服务机构

办理派出手续前，须登录"国家公派出国留学管理信息平台"，根据自己的需求在教育部指定的留学人员服务机构中选择一家办理申办签证、预订出国机票、领取报到证、预支奖学金等手续。留学服务机构只能选择一次，选定后无法更改。

4.2.5 预订出国机票、申办签证

申办签证、预订出国机票的政策请向选定的留学服务机构咨询，并按要求准备相关材料，详情请登录留学服务机构网站查询。

4.2.6 签订《资助出国留学协议书》并办理公证

出国前须签订《资助出国留学协议书》并经公证机构公证后生效，公证周期一般为7～10个工作日。

注意事项：

（1）建议选择留学人员本人或担保人户口所在地或经常居住地的公证机构申办。

（2）担保人条件须符合《资助出国留学协议书》及《出国留学人员须知》相关要求。

（3）须提供的担保数额、担保方式等请查看《出国留学人员须知》。

（4）留学人员须与两位担保人同时赴公证机构办理公证手续。

（5）《资助出国留学协议书》须准确、完整填写，不得留有空白，最后一页的签字必须由留学人员本人与担保人共同在公证员面前完成。

（6）请告知公证机构，公证事项应为"资助出国留学协议"（不能仅为"签名、印鉴"公证），公证书格式适用合同（协议）类要素式公证。

（7）公证机构要求国家留学基金委提供承诺书和申请表的，可在"国家留学网"下载。

（8）公证所需材料请询当地公证处。

4.2.7 交验《资助出国留学协议书》

经公证后的《资助出国留学协议书》，应至少在领取机票、报到证前三周邮寄或面交至国家留学基金委。审验周期为收到后的3～5个工作日。留学人员可在"国家公派留学管理信息平台"中查阅结果。

如与录取信息或公证要求不相符，将会被退回重新办理。

邮寄地址：北京市西城区车公庄大街9号A3楼13层国家留学基金委法律与项目部（邮编：100044）

联系电话：010-66093561/66093563

4.2.8 交存出国留学人员保证金

面交或银行划转至指定账号：

开户名称：国家留学基金管理委员会

开户银行：交通银行北京阜外支行

账号：1100 6023 9018 1701 00887

不接受网银、手机汇款等，具体金额及交存方式等要求请查阅《出国留学人员须知》。

国家留学基金委基金与财务部保证金存取处

联系电话：010-88395764

4.2.9 办理《国际旅行健康证书》

根据《中华人民共和国国境卫生检疫法》，"入境、出境的人员……都应当接受检疫，经国境卫生检疫机关许可，方准入境或者出境"。出境人员应持有《国际旅行健康证书》或《预防接种证书》，具体办理信息请登录当地检验检疫局网站查询。

4.2.10 领取签证、机票、报到证，预支奖学金

留学人员在国家留学基金委提交补充材料、公证后的《资助出国留学协议书》，交存出国留学人员保证金并审核通过后，可向选定的留学服务机构领取签证、机票、报到证，预支奖学金。

4.3 在外留学被录取者办理方式

（1）在外自费留学申请人被录取为国家公派留学人员的，须回国办理《资助出国留学协议书》签约公证，交存出国留学人员保证金及派出手续，回国旅费自理。

（2）在外学习的国家公派留学人员再次被录取为国家公派攻读更高学位

的，如不回国（包括直接赴第三国），可直接在新留学单位所在地的我国驻外使（领）馆办理续签《资助出国留学协议书》等手续，无须再行交存出国留学人员保证金，国家留学基金不负担国际旅费；如回国办理手续，须按原学习计划办理回国报到及提取出国留学人员保证金手续后，按新录取的留学身份重新办理所有派出手续，回国旅费及赴留学目的国的国际旅费均由国家留学基金负担。

4.4　留学保证金交纳注意事项

4.4.1　保证金交存数额

根据留学身份和留学期限，保证金交存数额有所不同，具体规定如下：

（1）留学期限在3个月（含）以内的免交保证金；

（2）留学身份为本科生及本科插班生的留学人员交存保证金1万元人民币；

（3）留学身份为研究生的，录取时系在校学生者（含已被录取为国家留学基金资助的在国外就读的自费留学人员）交存保证金2万元人民币（交存时需出示有效学生身份证明，包含有效学生证、在读证明等），录取时系在职人员者交存保证金4万元人民币；

（4）留学身份为高级研究学者、访问学者（含博士后研究）的，留学期限为4～6个月者交存保证金2万元人民币，留学期限为7～12个月者交存保证金4万元人民币；

（5）留学期限超过12个月的，按12个月留学期限的数额交存。

4.4.2　保证金交存时间和地点

保证金应交存到交通银行北京阜外支行国家留学基金管理委员会开设的保证金专用账户中。留学人员可登录国家公派留学管理信息平台查看保证金缴纳

状态。

工作时间：周一至周五9:30～11:30，13:30～17:00（节假日休息）；

联系电话：010-88395764（交存保证金）010-88395714（退还保证金）

传真：010-88395790；010-88393835

地址：北京市西城区车公庄大街9号五栋大楼B栋交通银行

4.4.3 保证金交存方式

★交现金（人民币）

①由本人交存或由他人代为办理。

②需出示录取函或《国家留学基金资助出国留学资格证书》复印件，派出身份为学生的应出示有效学生身份证明（在读证明、有效学生证、应届毕业证），到交通银行北京阜外支行交款。

③面交保证金的最迟应在离境前3～5天交存，以确保顺利办理领取签证和机票等出国手续。

④面交保证金时只能交现金或刷交通银行的借记卡，其他银行的各种信用卡、借记卡等均无法办理。

⑤不收外币现钞、存折、存单、国库券等有价证券。

★通过银行划转（不接受网银、手机汇款等）

①将保证金划转至以下账号：

开户名称：国家留学基金管理委员会开户银行：交通银行北京阜外支行

账号：110060239018170100887

②请务必在汇款用途一栏注明"留学人员（姓名）保证金及CSC学号"。

③填写《出国留学人员交存保证金信息一览表》，格式如下：出国留学人员信息一览表交款人姓名工作单位或国内在读学校留学国别身份证号码保证金数额联系电话留学期限CSC学号（CSC资格证书编号）通信地址邮编。

④汇款后，请将银行回单及《出国留学人员信息一览表》一并发送传真至010-88395790/3835。派出身份为学生的还应传真有效学生身份证明（在读证明、有效学生证、应届毕业证，三者其一即可）。

⑤领取《保证金收款证明》方式：面取、邮寄。不需要邮寄《保证金收款证明》的，请在通信地址一栏注明"自取保证金收款证明"字样，自取时需携带银行汇款回单原件及身份证原件。若委托他人来领取《保证金收款证明》，须出示留学人员亲笔授权的委托书及领取人的身份证。需要邮寄《保证金收款证明》的，请在"留学人员信息一览表"通信地址栏详细注明邮寄的地址。国家留学基金委以挂号信方式寄出（注：无其他方式）。

⑥通过银行划转的最迟应在离境前10～15天办理划转手续，以确保顺利办理领取签证和机票等出国手续。

注：选择北京市交通银行划转方式交存保证金的留学人员不能使用交通银行现金解款单汇款。

4.4.4 国外就读的自费留学人员被录取为国家公派留学人员后办理交存保证金手续时需提供的材料清单

需出示录取函或《国家留学基金资助出国留学资格证书》复印件、有效学生身份证明、护照首页及有效入境签证页复印件。

采取面交现金方式的，须在面交时一并出具；

采取银行划转的，须在划转同时将以上材料传真至010-88395790或010-88393835。

4.5　国家公派留学人员领取护照签证、机票、报道证须知

4.5.1 领取时间

原则上要求留学人员提前一个工作日到国家留学基金委中心办理领取手续。

4.5.2 办理领取手续所须携带的文件

（1）中国政府全额资助留学人员留学期限在3个月以内的和"青年骨干教

师项目"（只提供国际旅费资助、留学期限不限）的

①经过公证的资助出国留学协议书一份（要求在公证书封面的右上角写明国外留学单位的中文名称和具体出发日期）；

②基金委的录取通知书，如有改派国别或延期派出情况的，则需携带延期文或改派文；

③护照签证（自行办理签证或者已从我中心将护照签证提前取走的留学人员需要携带本人护照签证原件）。

（2）中国政府全额资助留学人员及奖学金项目生且留学期限在3个月以上的和"青年骨干教师项目"（1：1配套资助的）

不仅要携带以上三种材料，还要有保证金交存单的原件（保证金交纳方式、交存单如何取得等问题请咨询基金委相关部门，电话：010-88395764）。

（3）其他特殊项目留学人员：

如果对办理领取手续所需携带文件有其他特殊规定的，请具体参照基金委的录取通知书办理。

4.5.3 领取的内容

护照签证、机票和报到证。如为中国政府全额资助的留学人员可在我中心预支一部分生活费（以外币方式结算）。

此外，我们还将打印好的驻各国使（领）馆教育处（组）的联系方式发给留学人员。请留学人员在抵达留学国家后十日内，将填写好的"报到证"寄往所属馆区的教育处（组）。比较特殊的是英国，在邮寄报到之前需先在网上注册报到，报到截止日期为抵英后十五日内。

4.5.4 其他注意事项

留学人员来我中心办理领取手续时，其他应注意的事项：

（1）护照签证检查。

各国驻华使馆签发签证规定不一，签证种类不一，签证有效期长短不一。所以，领到护照签证后，请仔细检查下列各项：

①签证上的姓名、性别、出生日期、护照号码等是否与护照一致；

②签证是否已经开始生效；

③大多数使馆签发的是入境签证，但也有个别使馆签发停留签证，如果您领到的是停留签证，那么您必须检查签证有效期是否与申请在外停留时间一致。

（2）机票检查。

①请您检查机票上的姓名拼音是否与护照一致，并确认核实航班、航线、出发与抵达的日期和时间及托运行李的重量等规定。

②如您需要确认或改签回程日期，请直接与中国民航驻境外办事处联系。

（3）委托他人办理领取手续说明。

办理领取手续，一般为本人亲自领取，如有特殊情况，可与有关工作人员联系，协商委托他人代领，但必须有亲笔委托书，且需要被委托人携带本人有效身份证件。

附委托书样本

委托书

教育部留学服务中心：

（单位）国家公派留学人员 同志，因有事不能前往领取护照签证、机票和外币，特委托 同志，代为领取，请予办理。

如因代领发生任何纠纷，责任自负。

委托人：

日期：

4.6 出国需带东西清单

出国需要带哪些行李，仁者见仁智者见者，大家的消费水平和观点不一样，所以没有统一的标准。下面列出来的东西仅供大家参考，有些是我们自己带东西的清单，还有部分信息来自网络论坛的建议，希望对大家有用。

行李清单：

（1）被子和褥子各一套，床单、枕套等各两套。去美国的枕头可以在沃尔玛买，才8美元。

（2）衣服根据去的不同地方准备。一般来说，短袖长袖、T恤衬衣、短裤长裤各几套。其实在美国买也很便宜，但是考虑到很轻，也可以自带。

（3）正装一套，皮鞋一双，领带两条。运动鞋和拖鞋可以到国外买，美国的运动鞋很便宜，一些名牌打折后才十几美元。

（4）厨房用具，包括一把菜刀、调料盒、剪刀、磨刀石、菜板、筷子等。

（5）切记不用带锅和电饭煲。在美国买很便宜，而且很可能有老生送。锅和电饭煲又占重量又占空间，完全不必带。

（6）碗盘之类的也可以不带。美国19美元一大套，完全够用，也还有老生送。

（7）日常用药必须多带点，尽量全面一点。

（8）专业用书要带上，虽然重，但是很有用。

（9）笔记本电脑可以随身带，不在飞机计重范围内。

（10）换一些美金随身带上，方便前期买东西。

（张钊）

附　录

附录1　大学排名参考资料

世界大学排名

　　下面简单介绍一下现在主流的三个版本的世界大学排名，可特别留意上海交大版的世界大学排名，据说国家留学基金管理委员会在审查的时候主要是参照这个版本的大学排名。

　　上海交大版世界大学学术排名（ARWU）由上海交通大学世界一流大学研究中心自2003年首次发布，以后每年发布一次。ARWU的初衷是分析中国名牌大学在世界大学体系中的地位。ARWU排名侧重在大学的学术表现，更多是针对研究型大学的学术水平的评价，其优势是评价指标非常客观。ARWU选择获诺贝尔奖和菲尔兹奖的校友折合数、获诺贝尔奖和菲尔兹奖的教师折合数、各学科领域被引用次数最高的教师数、在《自然》（*Nature*）和《科学》（*Science*）上发表论文的折合数、被科学引文索引和社会科学引文索引收录的论文数、上述五项指标得分的均值六个指标对世界大学的学术表现进行排名，对去海外攻读研究生的学生参考意义更大。ARWU作为世界首家多指标的全球性大学排名，至今已连续发布了14版，并被英国《经济学人》称为"被最为广泛使用的世界大学排名"。

　　由《美国新闻和世界报道》（*US News*）发布的美国排名每年排名一次，评审标准为校誉、开放性、科系资源、选择性、财务资源、附加价值（全国性大学）、校友回馈表现。将各校每一项表现评定分数，再计算总分；评审范围包括公立及私立学校、全国性及区域性学校。该版本还专门由专业排名，方便大家种申请时参考。该版本的排名分为本科和研究生，本科称为"Best

Colleges"，研究生称为"Best Graduate Schools"。US News大学排名侧重对美国境内的大学和项目进行评分和排名，2009开始US News与QS公司合作，对全球大学进行排名。具体可以参看以下网址：http://ranking.abroadstar.com/usnews/。

《泰晤士报》版排名，它是英国高等教育专刊从2004年起每年进行的世界大学排名，共有5项因素在排名时被重点考虑，分别是各大学的科研能力（40%）、雇主和公司对学生的满意度（10%）、学校师生的比例（20%）、论文的被引用率（20%）以及国际学生（5%）和国际教职员工（5%）的比例。2010年起，泰晤士高等教育改与汤森路透集团（路透社）合作。

Academic Ranking of World Universities 2017

World Rank	Institution*	Country /Region	National Rank	Total Score
1	Harvard University		1	100.0
2	Stanford University		2	74.7
3	University of California, Berkeley		3	70.1
4	University of Cambridge		1	69.6
5	Massachusetts Institute of Technology (MIT)		4	69.2
6	Princeton University		5	62.0
7	University of Oxford		2	58.9
8	California Institute of Technology		6	57.8
9	Columbia University		7	56.7
10	University of Chicago		8	54.2
11	Yale University		9	52.8
12	University of California, Los Angeles		10	51.5
13	Cornell University		11	49.0
14	University of California, San Diego		12	47.8

续表

World Rank	Institution*	Country /Region	National Rank	Total Score
15	University of Washington		13	47.3
16	Johns Hopkins University		14	46.0
17	University College London		3	45.3
18	University of Pennsylvania		15	44.5
19	Swiss Federal Institute of Technology Zurich		1	43.8
20	The University of Tokyo		1	42.2
21	University of California, San Francisco		16	41.9
22	The Imperial College of Science, Technology and Medicine		4	41.6
23	University of Michigan-Ann Arbor		17	40.8
23	Washington University in St. Louis		17	40.8
25	Duke University		19	40.4
26	Northwestern University		20	40.0
27	University of Toronto		1	39.4
28	University of Wisconsin-Madison		21	39.2
29	New York University		22	38.0
30	University of Copenhagen		1	37.7
30	University of Illinois at Urbana-Champaign		23	37.7
32	Kyoto University		2	37.2
33	University of Minnesota, Twin Cities		24	36.8
34	University of British Columbia		2	36.7
35	The University of Manchester		5	36.4
35	University of North Carolina at Chapel Hill		25	36.4
37	Rockefeller University		26	36.1
38	University of Colorado at Boulder		27	35.1

World Rank	Institution*	Country /Region	National Rank	Total Score
39	Pierre and Marie Curie University-Paris 6		1	34.5
40	The University of Melbourne		1	33.9
41	The University of Edinburgh		6	33.6
42	University of California, Santa Barbara		28	33.3
43	The University of Texas Southwestern Medical Center at Dallas		29	32.9
44	Karolinska Institute		1	32.7
44	The University of Texas at Austin		30	32.7
46	University of Paris-Sud (Paris 11)		2	32.5
47	Heidelberg University		1	32.3
47	Technical University Munich		1	32.3
49	University of Southern California		31	32.2
50	King's College London		7	31.6
51	University of Munich		3	31.4
52	University of Maryland, College Park		32	31.0
53	University of Geneva		2	30.7
54	University of Zurich		3	30.5
55	The University of Queensland		2	30.2
56	University of Helsinki		1	29.9
57	University of Bristol		8	29.7
58	Tsinghua University		1	29.6
58	University of California, Irvine		33	29.6
60	Uppsala University		2	29.3
60	Vanderbilt University		34	29.3
62	Ghent University		1	29.1

续表

World Rank	Institution*	Country /Region	National Rank	Total Score
63	McGill University		3	28.9
63	Purdue University-West Lafayette		35	28.9
65	Aarhus University		2	28.7
65	Utrecht University		1	28.7
67	University of Oslo		1	28.6
68	Carnegie Mellon University		36	28.1
69	Technion-Israel Institute of Technology		1	28.0
70	University of Pittsburgh, Pittsburgh Campus		37	27.8
71	Peking University		2	27.7
72	Nagoya University		3	27.5
72	Rice University		38	27.5
72	University of Groningen		2	27.5
75	Boston University		39	27.2
75	University of California, Davis		39	27.2
77	Pennsylvania State University-University Park		41	26.9
77	The Australian National University		3	26.9
79	Monash University		4	26.8
79	The Ohio State University-Columbus		42	26.8
81	Stockholm University		3	26.7
82	University of Sydney		5	26.6
83	McMaster University		4	26.5
83	National University of Singapore		1	26.5
83	University of California, Santa Cruz		43	26.5
86	Mayo Medical School		44	26.3

续表

World Rank	Institution*	Country /Region	National Rank	Total Score
87	Ecole Normale Superieure-Paris		3	26.2
87	Moscow State University		1	26.2
87	The Hebrew University of Jerusalem		2	26.2
90	Brown University		45	26.0
90	University of Florida		45	26.0
92	Swiss Federal Institute of Technology Lausanne		4	25.7
93	Georgia Institute of Technology		47	25.6
93	KU Leuven		2	25.6
93	Leiden University		3	25.6
96	Osaka University		4	25.5
96	Rutgers, The State University of New Jersey-New Brunswick		48	25.5
96	The University of Texas M. D. Anderson Cancer Center		48	25.5
96	The University of Western Australia		6	25.5
100	University of Utah		50	25.4

附录2

教育部指定出国留学人员培训部培训语种及机构联系电话

序号	培训机构名称	电话	培训语种
1	北京语言大学出国培训部	010-82303540	英语、法语、德语、俄语、西班牙语、意大利语
2	北京外国语大学出国培训部	010-88816498	英语
3	上海外国语大学出国培训部	021-35372880	英语、法语、德语、俄语
4	同济大学留德预备部	021-65981130 021-65983487	德语
5	广东外语外贸大学出国培训部	020-36207152	英语、法语、德语
6	中山大学外语学院英语培训中心	020-84110970	英语
7	西安外国语大学出国培训部	029-85309439	英语
8	东北师范大学出国留学人员培训部	0431-84516278 0431-84536156	日语、英语
9	大连外国语大学出国培训部	0411-86115959	日语、英语、俄语
10	四川大学出国培训部	028-85406535	英语、德语、俄语
11	四川外国语大学出国培训部	023-65385262 023-65385282	英语

（来源：国家留学网）

附录3

国家建设高水平大学公派研究生项目联合培养博士研究生
校内专家评审意见表

————————————————————————

申请人姓名：　　　　　　　　博士所在年级及博士毕业时间：

国内所学专业/研究方向：　　　拟留学专业/研究方向：

拟留学国别、单位：

推选院校名称：　　　　　　　校内主管部门（盖章）：

————————以下由专家填写————————

	专家姓名	专业技术职称	所在院系	从事专业	对申请人学科专业的熟悉程度
校内评审专家组（二位以上）信息					□非常熟悉　□熟悉 □不太熟悉
					□非常熟悉　□熟悉 □不太熟悉
					□非常熟悉　□熟悉 □不太熟悉
					□非常熟悉　□熟悉 □不太熟悉
审核项					1为"差"，5为"优"（请在相应分值上打"√"）
1. 申请人综合素质	包括申请人的专业基础、学习成绩、学习及科研工作兴趣和能力、综合表现、国际交流能力（含外语水平）等和发展潜力				1　2　3　4　5
2. 拟留学专业	是否属国家留学基金优先资助专业或者国家发展急需专业				1　2　3　4　5
	是否为拟留学单位的优势或特色学科				1　2　3　4　5
	与国内所学专业的关联程度				1　2　3　4　5
	与国外导师专业的关联程度				1　2　3　4　5

续表

3. 拟留学单位	在国际上的综合水平、在拟留学专业领域的发展水平	1　2　3　4　5
	能否为申请人提供必要的学习科研条件	1　2　3　4　5
4. 国外导师	学术地位，是否属本学科前沿水平及学术活跃程度	1　2　3　4　5
	科研实力，在研课题情况，相关科研工作经历	1　2　3　4　5
	国内外导师的学术联系及合作程度，如共同课题、研究项目的开展情况	1　2　3　4　5
5. 留学必要性和学习计划的可行性	拟留学专业国内外发展水平的差异程度	1　2　3　4　5
	学习计划的合理性、可行性	1　2　3　4　5
6. 品德修养等其他根据实际需要补充		

综合意见：

1. 请评审组长填写专家组综合意见（应包括对申请人素质，拟留学专业、单位、导师及留学必要性等的综合评价）：

2. 结论：优先推荐□　一般推荐□　不推荐□

专家签字：＿＿＿＿＿，＿＿＿＿＿＿，＿＿＿＿＿＿，＿＿＿＿＿

注：该表供校内评审参考，并作为后续专家评审录取时的重要参考。各校可据此另行补充、修改。

附录4

国家公派留学（CSC）研究计划

Research Proposal

姓名Name	姓/Surname:		名/Last name:	
性别Gender		出生日期 Date of birth (yy/mm/dd)		
所在学院College		所学专业Major		
国内导师 Domestic supervisor		研究领域 Area of research		
学习期限/Duration of study		Months (from to) (yy/mm/dd)		
课题研究项目/Research project				
题目/Title				
研究背景/ Research background				
研究目标/Research objectives				
课题研究准备/Preparations for the research project				
实验方法/Experimental Methods				

附录5

公派留学相关网站

（1）2018年国家建设高水平大学公派研究生项目选派办法

http://www.csc.edu.cn/article/1129

（2）2018年国家建设高水平大学公派研究生项目应提交的申请材料及说明（国内申请人用）

http://www.csc.edu.cn/article/1130

（3）查询大学排名的站点

http://www.usnews.com

编后语

　　人的一生会面临无数选择，而每一次选择都会对人生产生不同影响。一个人的一生怎样度过，就看他在人生的十字路口做出怎样的抉择。正如美国诗人罗伯特·弗罗斯特（Robert Frost）的诗《未选择的路》（"The Road Not Taken"）所写的那样："I took the one less traveled by, and that has made all the difference." 选择不同的道路，注定风景不同。有人说，你的命运从你出生的那一刻就已经注定。虽然我们无法选择自己的出生，但我们可以选择自己的目标和奋斗方向。

　　我是谁？要往何处去？想要干什么？这三个问题是哲学家思考的问题，也是我们每一个拟申请出国留学的学子需要扪心自问的三个问题。我们常常为自己的有限认知所禁锢，常常为利弊得失和外在的东西所左右，但却忘记了听从自己内心的召唤。当然，如果没有想清楚自己的定位和方向，只是盲目地出国留学，也许并不是一个明智的选择。只有聆听自己的内心，思考清楚了这些问题，才能有更加清晰的奋斗目标和方向，并为之努力，去追寻和实现内心的梦想。留学只是自我发现之旅，留学的意义，不是为留而学，而是你某一天会豁然开朗地发现世界是平的，太平洋并非难以跨越，雷锋并非只存在于我们中国，加州其实没有加州牛肉面……

　　华西每年都会组织公派留学讲座，本人也曾有幸忝列作为受邀的讲者给学弟学妹们一些建议。个人经验微不足道，在整理和出版这本书的过程中，回首过往，仿佛看到这一路的足迹，感谢国家留学基金委资助的海外求学。我们撰写这本手册，希冀能给后来的申请者提供更多的帮助和参考。在这本公派手册的编写过程中，我们真真切切地感受到了好事多磨。我们从前期组织到撰稿到编排耗时数月，最终凝集成书，它是集体的心血和智慧的结晶。学弟学妹把自己的经验无私分享出来，很多申请成功的同学在百忙之中抽出自己宝贵的时间撰稿并给予了很多宝贵的建议和意见，正是由于我们大家的共同努力才得以实现这一共同目标。书中诸多资讯内容需要花大量的时间去搜集、撰写和整理，如有不妥之处，还恳请读者朋友多多指正。古人云：前人栽树后人乘凉。如果我们这本手册能给后面申请公派留学的师弟师妹们提供一点帮助，我们也就心满意足了。

本书正式出版有幸得到中美国中华医学基金会（CMB）的资助，衷心感谢四川大学石坚教授在百忙之中拔冗为本书赐序，感谢四川大学华西临床医学院李为民院长和加拿大西安大略大学医牙学院Michael Strong院长题词，衷心感谢四川大学国际交流和合作处邓洪教授大力支持和卢聆老师审阅，感谢华西临床医学院万学红院长和左川教授及贾雪老师的鼓励和支持，感谢编辑部罗丹老师和敬铃凌老师在书稿校对和出版中的热忱帮助，感谢本书的编委会的所有作者和曾经一起奋斗过的同窗学友，感谢该公派手册编写过程中给予我们帮助和支持的家人、朋友、师长和同学们。

谭惠文

2018年元月